DSCHALAL AD-DIN RUMI

Du wurdest mit Flügeln geboren

Ausgewählt, übersetzt und kommentiert
von Ahmad Milad Karimi

Mit Kalligrafien von Iyad Shraim

PATMOS

Meinem geschätzten
Wegbegleiter und Gesprächspartner
Karl-Josef Kuschel
im Jahr seines 75. Geburtstags
gewidmet

INHALT

بنام خداوند

Zur Einstimmung

Kann man einen Dichter betrachten, ohne dabei auf die ferne Zeit seiner Wirkung, seine fremde Sprache zu hören, sondern allein, indem man auf die Stimmung achtet, das Gefühl, das er freisetzt? Man würde zwar auf das hinhören, worauf er hinhörte. Es wäre dann aber keine Betrachtung mehr, sondern eine Selbstbetrachtung. Nicht anders, als ihn selbst zu betrachten, lässt er sich fassen: der Dichter, der keiner sein wollte, der Liebende, der eigentlich zum Geliebten wurde, der große Gelehrte, der sich plötzlich als Anfänger erkannte: Dschalâl ad-Din Muhammad Rumi. Wie kaum ein anderer verzaubert er Menschen mit einem subtilen Charme und zugleich einer hypnotischen Stimme. Mit einem einzigen Handstreich gelingt es ihm, eine ganze Welt zu entwerfen, die mächtig und zerbrechlich genug ist, um uns ganz in ihren Bann zu ziehen.

Gerne wollte man Rumi nationalistisch einfangen: Iraner, Afghane, Türke soll er gewesen sein. Gerne wollte man ihn religiös vereinnahmen, aber zugleich auch religiös ablehnen. Hören wir auf ihn. Hören auf einen Meister, wie er schon zu Lebzeiten genannt wurde, auf einen Menschen, der von der Liebe in ihrer zartesten, aber auch schmerzlichsten Form heimgesucht wurde. War es die Liebe zu einem Mann, zu einem Weisen, einem Seelenverwandten oder zu Gott? Er konnte es nicht fassen, er konnte sein gebrochenes Herz nicht heilen, aber wer sich auf ihn einlässt, kann in Berührung mit seinem gebrochenen Herzen kommen. Und vielleicht deshalb ließ er jede Maske fallen, jede Distanz verschwinden, brach jede Anstandsregel, um jeden zu erreichen – vielleicht nicht unbedingt deshalb, weil er verstanden werden wollte, sondern um Nähe zu schaffen. Nähe kann wehtun, Nähe kann unerträglich sein. Nähe kann aber auch erheben, anrühren, verstehen lassen. Rumi ist nahbar. Er kommt einem nah, vielleicht noch etwas näher als das, und wir können atmen, aufatmen, aber allmählich wird der Atem schwer, er stockt. Atempause.

Meistens will ich ihn nicht lesen. Ich will Hafiz lesen, um die Perfektion der poetischen Sprache zu erleben. Ich will Sa'di lesen, weil er mit seiner romantischen Sprache einen Feinsinn in mir erweckt, den ich sonst kaum fassen kann. Ich will Bidel lesen, um von seinen komplexen Gedanken angesteckt zu werden. Und meistens kann ich mich nicht entscheiden. Ich entscheide mich gegen die Poesie und suche Stille. Und wenn alles in mir ruht, ertappe ich mich, wie in mir die Verse von Rumi klingen. War er nicht der erste mystische Dichter, den ich als Kind in Kabul gehört hatte? Rumi heißt für mich Heimweh. Keine Heimat. Heimweh. Es ist das Gefühl, das Vertraute zu vermissen, weil du eine Spur von ihm entdeckt hast. Ich will, dass er aufhört, in mir hörbar zu sein. Daher nehme ich seinen *Diwan* in die Hand. Rumi gegen Rumi.

Und Rumi erreicht mich und lässt mich nicht mehr los. Denn Rumi ist einzigartig, eine Art »Geschmacksverderber«. Nach seiner Lektüre wird einem nichts mehr schmecken. Aber der Geschmack, den er in einem erzeugt, lässt Sehnsucht entstehen, Sehnsucht nach Sehnsucht.

Die vorliegende Blütenlese will eine Reise in Rumis Sehnsucht sein. Sie will die innere Schönheit seines spirituellen Wegs aufspüren, in seine Poesie und seine Bilderwelten eintauchen. Die Kunst des Kalligrafen Iyad Shraim setzt auch visuell die Suche fort, die letztlich eine Suche nach uns selbst sein wird.

Ich bin dein, gib mich nicht mir zurück. [1]

اشتیاق

1

Vom Vater zum Sohn: DIE SEHNSUCHT

Am Anfang war die Sehnsucht. Keinen anderen Anfang kann Rumi denken, keinen anderen erwarten.

**Mein Ohr vernahm des Glaubens Melodie, ein Rausch ergriff die Brust.
Wo bleibt das Verlangen der Schau? Meine Form des Glaubens ist die Sehnsucht. ¶[2]**

Für Rumi stellt die Sehnsucht den Anfang der Welt dar. Gott ist die Sehnsucht der Welt. Und die Welt entstand, weil sich Gott nach ihr gesehnt hat. So wird die Sehnsucht zum Anfang aller Dinge.

Menschliches Leben wird zur Sehnsucht, wenn es sich dieser ursprünglichen Sehnsucht öffnet.

**Blüht in dir Sehnsucht, sei gewiss: dein Wesen ist die Sehnsucht.
Als du zum Geliebten erwählt, wurdest du selbst zur Sehnsucht. ¶[3]**

Wo ist nicht die Sehnsucht hörbar? Ruft nicht die Nachtigall den Namen des Geliebten in Sehnsucht?

Vom Wind hör ich seine Worte wehen,
Von der trunkenen Nachtigall hör ich seinen Namen.
Ein wundersames Bild, an des Herzens Pforte geschaut,
Seinen Gesang hör ich von seinem Dach, vertraut. ❡[4]

Die Gegenwart dieser Sehnsucht erblickt Rumi in allem, wenn der Ewige selbst im Koran[5] verspricht, dass Er mit uns ist, wo immer wir sind:

Wenn in Unwissenheit wir verharren, ist sie Sein Knast.
Und wenn wir in Wissen weilen, ist es Sein Palast.
Wenn wir einschlafen, sind wir trunken von Ihm.
Und wenn wir erwachen, sind wir in den Händen von Ihm.
Wenn wir weinen, sind wir Wolke Seines Regens.
Und wenn wir lachen, Blitze Seines Segens.
Ein Bild Seines Zorns sind wir in Krieg und Streit.
In Frieden und Gnade ein Bild Seiner Barmherzigkeit.
Wer sind wir, wer in dieser verworrenen Welt?
Wie das Alif, außer sich selbst besitzt es nichts, nichts. ❡[6]

Alif, der erste Buchstabe im persischen bzw. arabischen Alphabet, ist ein reiner, senkrechter Strich. Sonst hat das Alif nichts.

Es war einmal ein Lehrer, zu dem ein Junge drei Monate lang ging, aber nicht über den Satz hinauskam: »Alif hat nichts.« Der Vater des Jungen kam und sagte: »Ich habe alles Notwendige getan. Wenn ich einen Fehler gemacht habe, sagt es mir! Und ich zahle mehr.« Der Lehrer antwortete: »Es war nicht euer Fehler, aber das Kind erfasst diesen Satz nicht.« Er rief den Jungen und sagte: »Sag: Alif hat nichts!« Der Junge sagte: »Hat nichts«, und konnte nicht »Alif« sagen. Der Lehrer sagte: »Ihr seht, wie der Zustand ist. Da er noch nicht über diesen Satz hinausgekommen ist und noch nicht einmal dies gelernt hat, wie kann ich ihm eine neue Lektion erteilen!« Der Vater sagte: »Lob Gott, dem Herrn der Welten!« ¶[7]

Der Lehrer sieht auf den vermeintlichen Misserfolg seines Unterrichts, der Vater des Jungen aber erkennt dessen Weisheit und lobpreist Gott. Denn was der Junge begriffen hatte, war: Das *Alif* steht als Symbol für Gott, seine Unaussprechlichkeit, seine Einzigkeit. Wenn das *Alif* am Anfang eines Wortes steht, dann verbindet es nicht mit dem nächsten Buchstaben, es bleibt vereinzelt. Daher gilt der Buchstabe *Alif* als Sinnbild der Einsamkeit, der absoluten Einheit Gottes. Es ist der erste Buchstabe des arabischen Wortes für Gott: Allah.

Das arabische Wort »Allah«: der Gott

Du bist nicht wie ich, ich nicht wie du,
Du bist nicht der, der ich ist, ich nicht der, der du.
In deinem Befehl bin ich ganz, in meinem Blut bist du,
Werde ich Sonne und Mond, bin ich weniger als du.
Mit all deiner Pracht, wenn du an mir vorübergehst
im Nu,

**Zieh nicht eilig vorbei, dass ich erkenn: Wer bist du?
Letzte Nacht an meiner Tür warst still und leis du,
Mein Ohr hat geflüstert, denn Seele und Geist bist du.** [8]

Rumi dürfte selbst die Sehnsucht seiner Familie gewesen sein, die ihm den Namen Dschalâl ad-Din Muhammad gegeben haben. Nicht allein sein bewegtes Leben, sondern auch das Haus, in dem er zur Welt kam, war von der Sehnsucht geprägt. Allen voran der Vater: Bahâ ad-Din Walad. Ein charismatischer Mann, der erst mit etwa 57 Jahren Dschalâl ad-Dins Vater wurde. Über ihn, über seine spirituelle Größe ist viel gerätselt, viel erfunden und viel bezeugt worden. Im Traum soll er einst den Propheten Muhammad erblickt haben, der ihm den Beinamen »Fürst der Gelehrten« *(sultân al-ʿulamâ)* gegeben habe. Rumi wird später von seinem Vater in höchster Würdigung sprechen, dass er »im Lichte Gottes ganz verzehrt«, seines Ego entworden und »zum Licht Gottes geworden« sei.[9]

Ein sonderbarer Gelehrter, dessen Notizen posthum veröffentlicht sind: *Maʿârif,* »Erkenntnisse«. Es sind Gedanken, Geständnisse, Erlebnisse, die Bahâ-i Walad umtrieben und seine tiefe Weisheit und Kenntnis der religiösen Fragen bestätigen.

Gab es eine Kontinuität zwischen Vater und Sohn? Man hat es immer wieder vermutet und dann wieder verworfen. Bahâ-i Walad war eine eigene Persönlichkeit: Prediger, spiritueller Lehrer, Rechtsgelehrter, Mystiker. Er schrieb nicht unähnlich wie später der trunkene Sohn Dschalâl ad-Din Muhammad, als wären ihm die Worte ins Herz geschrieben. Man möchte von Eingebung sprechen, aber vielleicht ist das ein zu großes Wort. Jedenfalls fühlte er, dass Gott selbst ihn ansprach, ihm ins Denken einfiel. Hat nicht später der Sohn sein Werk *Mathnawi-i Maʿnawi* (»Geistliche Zweizeiler«) wie eine fortwährende Eingebung diktiert? Gewiss. Die Bindung zwischen Vater und Sohn hat das Leben des Vaters überdauert.

Bahâ starb 1231 in Konya, begraben in der Nähe des Sohnes – in einem alten Rosengarten, der heute als Pilgerstätte der Sehnsucht gilt. Bis zum Tode des Vaters war Rumi vor allem mit den äußeren Wissenschaften der Religionsgelehrsamkeit vertraut. Ein Schüler des Vaters, Burhân ad-Din Muhaqqiq Tirmidhi (gest. 1240), wird nach dessen Tod nach Konya kommen und Dschalâl ad-Din Muhammad in die Mystik und die Gedanken und Erkenntnisse des Vaters einführen.

Wenn ich gehe, bleibt das Haus leer, verwaist,
Ein anderer kommt, sei er wie ich oder schlechter.
Ein Erbe der Welt aus Jahrtausenden besagt:
Entschwindet der Vater unter der Erde, wird der Sohn zum Vater.
(...)
Schwindet die Sonne, wird hell die Nacht
Vom Leuchten der Sterne, von Mondes Pracht. ❡[10]

Der Vater drang in Rumis Leben ein, wurde sein geistiger, innerer Begleiter – nach seinem Tod. Aber hier brauchte es einen Mittler, einen Schüler des Vaters, der als Lehrer in das Leben des Sohnes trat. Rumi öffnete sich für diesen Vater, dessen äußere Zuwendung, dessen Reden und

Predigen, dessen Reisen, Schmerz und Wahn er wachsam beobachtete. Wie sah der Sohn diesen Vater an? Mit welcher Erwartung, mit welcher Sehnsucht? Was sollte er ihm geben, was ihm gestehen? »Wenn du seine Flügel und Federn siehst, bist du ein Flieger«[11], kommt Rumi in den Sinn. Nun war er mit dem Inneren des Vaters vertraut. Jetzt sprach ihn der Vater von innen an.

Höre auf deinen Vater und erhebe dich, denn er ruft dich als König an! ❡[12]

So gesteht sich der Sohn, dass er die Stimme seines Vaters hört. Was hat ihm der Vater zu sagen? Von welcher Sehnsucht konnte er ihm berichten? Die Erinnerung an die gemeinsame Pilgerreise zur Kaaba in Mekka wird Rumi immer begleitet haben. Hatten Vater und Sohn die gleiche Sehnsucht, als sie am »Haus Gottes« standen und ihre Hände nach oben streckten? Und was ist, wenn Gott schwieg, wenn keine Stimme mehr hörbar war?

Einer rief: »O Gott!« am nächtlichen Ort.
Süß schmeckten seine Lippen von diesem Wort.
Da sprach der Satan: »O du mit vielen Worten, sprich:
Wo bleibt bei all dem ›O Gott‹ Sein ›Hier bin ich‹?
Es kommt keine Antwort zu dir von diesem Thron!
Wie lange rufst du noch ›O Gott‹ mit ernstem Ton?«
Er wurde gebrochen und senkte sein Haupt tief,
Im Traum sah er den »Lebensmann« *(al-Chidr)*[13], als er schlief.
Der sagte: »Warum rufst nicht nach Gott mehr?
Bedauerst du es schon so sehr?«

Er sprach: »Nie kommt: ›Hier bin ich!‹ als Antwort.
Ich fürchte, abgelehnt bin ich vor seinem Wort.«
»Dein Ruf: ›O Gott‹ ist Mein: ›Hier bin ich!‹
Dein Hunger, Schmerz und Brennen sind Mein Zeichen
für dich.
Dein Streben nach Lösungen und deine große Mühen
Sind der Weg, den Wir dir öffnen, auf dem Wir dich
ziehen.
Deine Furcht und Liebe sind die Zügel Unserer Huld
für dich,
Im Ruf ›O Gott‹ verbirgt sich hundertfach Mein
›Hier bin ich!‹ «[14]

Auf welcher Reise befand sich Bahâ-i Walad, Rumis Vater, der viel gereiste Mystiker? Als dieser einmal beim Einzug in die Stadt Bagdad gefragt wurde, woher er komme, antwortete er: »Von Gott zu Gott.« Nach einer kurzen Klärung fügte er hinzu: »Wir kommen von nirgends und gehen nach nirgends.«[15]

Vom Vater zum Sohn – das war keine Reise von Ort zu Ort, es war die Reise des Herzens, die blieb, damit der Vater im Sohn leuchte.

Geh nicht fern, lass die Reise sein,
Der Mond ist bei dir, hell und fein.
Sprich nicht laut, unter der Liebe
Sind leise hörbar deine Gebete! ¶

2

Von Ort zu Ort: DIE FLUCHT

Von Ort zu Ort wuchs Rumi auf, und an jedem Ort hat er etwas von sich hinterlassen – in Balch, Samarkand, Nischapur, Mekka, Damaskus, Karaman. In der Nähe der Stadt Balkh, in dieser alten und ehrwürdigen Kulturstadt, wird Rumi 1207 geboren, aber wenige Jahre danach wird seine Familie von der Provinz Balkh nach Samarkand übersiedeln, von einem kulturellen und spirituellen Ort zum anderen. Er dürfte fünf Jahre alt gewesen sein, da zieht es die Familie gen Westen. Nicht unwahrscheinlich, dass der Grund der ungewissen Reise die Flucht vor der mongolischen Schreckensherrschaft war. Dieser Schrecken bildete sich früh, wie eine dunkle Wolke, nah genug, um sie zu fürchten, und doch in einer Ferne, die keine Flucht zuließ. Rumi wurde ein Reisender, ein ruhelos Suchender. Und er ist an jedem Ort ein Flüchtiger geblieben, ein Heimatloser. Nicht die Reise als Abenteuer, als Erkundungsreise hat ihn bewegt, wie er es in seinem *Divan* hervorhebt:

Ich habe gehört, du willst auf Reisen gehen:
Tu es nicht!
Voll Gunst willst du anderen Freund sehen:
Tu es nicht!
Fremd bist du der Welt, was erhoffst du dir
von der Fremdheit, welch müdes Herz hast du dir
ausersehen?
Tu es nicht! [16]

Für Rumi hat die Reise eine existentielle und spirituelle Bedeutung, weil er jede Reise als eine Erkenntnis begriff. Rumi war still, bevor ihn eine Unruhe überkam. Und die Unruhe, die ihn ergriff, hat ihn noch stiller gemacht.

All deine Unruhe kommt von dem Drang nach Ruhe. Trachte nach der Unruhe, dann findet dein Herz Ruhe! ¶[17]

Still ging er von Ort zu Ort, aber unstillbar hat er die Orte eingefangen, ans Herz gebunden. Orte, die ihn umgaben, haben in ihm Spuren hinterlassen, manchmal auch Narben und Wunden. Jede Landschaft, die ihn berührte, fruchtbare wie dürre, war um ihn versammelt. Orte blieben aber namenlos. Erst wenn er sie in Tiefe, Weite und Bewegung verwandelt hatte, konnte man ihre Gerüche, ihre Klänge, ihre Niederschläge und Winde spüren.

Ob er tatsächlich in Balkh geboren ist oder in der nahen Umgebung, womöglich nördlich des Flusses Wachsch im heutigen Tadschikistan, ist ungewiss. Die Orte, selbst wenn er sie verlassen hat, haben ihn nicht vergessen. Seine Spuren haben die Zeiten überdauert. Die Zeiten haben sich erneuert, aber was Rumi hinterließ, sollte nicht zur Vergangenheit werden. Was inzwischen entstanden ist, Schicht für Schicht, sollte die wachsende Sehnsucht einer Stimme nicht vergessen machen, die wachgehalten hat, was uns unbedingt angeht. Rumi hat Erinnerungskulturen geschaffen, die bis heute den spirituellen Meister nicht vergessen haben. Was von ihm von Ort zu Ort in den Händen behalten wurde, ist die poetische Möglichkeit menschlicher Lebensbewältigung, womit er unverwechselbar Schmerz und Hoffnung, Sinn und Sinnlichkeit, ich und du miteinander verflechtet.

Die Erinnerung an seine Person hat er poetisch erzeugt. Seine Sprache war die Dichtung, die gedichtete und verdichtete Sprache. Seine Ausdruckskraft scheint die Grenzen der Örtlichkeit überwunden zu haben, seine Gedichte, seine Klänge, sein Rhythmus wachsen an jedem Tag weiter, verwurzeln sich in allen Böden, Ost und West, und in allem dazwischen. Insofern ist die Frage nach der Zugehörigkeit, der Identität Rumis, woher er kommt, zu welcher Nation (Afghanistan, Iran, Tadschikistan oder Türkei) er tatsächlich gehört, überflüssig und entgegen seiner eigenen Denkart. Ausdrücklich sagte er: »Die ganze Welt ist nur *ein* Haus.«[18] In einem Rumi zugeschriebenen Gedicht heißt es:

Nicht von Osten, nicht von Westen,
nicht vom Festland, nicht vom Meer.
Nicht stamm ich vom Schoß der Erde
und nicht aus des Himmels Licht.
Nicht aus Staub, nicht aus Wind,
nicht aus Wasser, nicht aus Feuer.
Nicht aus Indien, nicht aus China,
nicht aus Bulgarien, nicht aus Saqsin,
nicht aus dem Irak, nicht aus Chorasan.
Nicht vom Diesseits, nicht vom Jenseits,
nicht vom Paradies, nicht von der Hölle.[19]

Ich halte seine Schriften in den Händen und blättere die Seiten um, keine Seite lässt mich teilnahmslos zurück. Ich kann nicht einfach durchblättern, denn aus jeder Seite erwächst eine Welt, die mich festhält, meine Trauer entdeckt, von meinem Schmerz erzählt, aber dann wieder sich ins Ungewisse verliert, als würde sie sich plötzlich in Schnee verwandeln und zwischen meinen Fingern schmelzen.

Sein Leben lässt sich nicht in Prosa einfangen. Die Fülle, der Überfluss an Achtsamkeit für die Momente des Lebens, die wir nicht einmal bemerken, berühren Rumi und werden Worte in seinem Herzen, bevor sie das Papier berühren, melodisch, laut-leise, flüchtig-bleibend, und immer ist sein Herzschlag zu hören. Das Nacheinander der Lebensstationen, der tabellarische Lebenslauf, geht bei ihm ins Leere oder es verfängt sich in Anekdoten und erdichteten Fantasien. Doch hinter allen Daten und Erzählungen kann Rumi entdeckt werden, der überzeugt war: »Ein Leben, das ohne die Liebe vergeht, zählt nicht.«[20]. Er wird eine Kindheit in Balkh gehabt haben, in den Straßen von Samarkand gespielt haben, die Sterne am klaren Himmel über die Stadt angeblickt, in der Sonne sich gewärmt haben, im Schoß seiner Mutter eingeschlafen sein. Wir wissen nichts davon, aber ahnen, wie sich sein Herz formte – an der Seite des tiefsinnigen Vaters. Rumi fragt:

Weißt du, woher du gekommen bist?
Aus der Mitte des gepriesenen Heiligtums.
Erinnere dich! Doch nichts wird im Gedächtnis wach!
All jene seligen Stadien, die geistigen.
Sie sind dir in Vergessenheit geraten,
notgedrungen bist du nun verwirrt und zerstreut.
Für eine Handvoll Staub verkaufst du deine Seele;
was für ein Handel ist das – ohne Wert!
Gib den Staub zurück! Und erkenne deinen eigenen Wert!
Du bist kein Sklave, ein König bist du, ein Herrscher. [21]

Gerne hätte ich seine Hände betrachtet, als sie den Koran zum ersten Mal aufgeschlagen haben, gerne hätte ich seine suchenden, ungewissen Augen gesehen, wie er auf seinen Vater blickte. Seine Worte scheinen die Erinnerung aller Dinge in sich versammelt zu haben, die er Augenblick für Augenblick verinnerlichte. Nicht die Worte führen bei ihm ein Eigenleben, wenn man die über zehntausende Gedichtverse, die aus seiner Feder flossen, beachtet – im Gegenteil: Das Leben mit seinen unendlichen Farben hat er in die Welt der Worte überführt. In Rumis Worten leuchten die Farben stärker, intensiver, eindrücklicher, als bloß die Farbe selbst zu sein. Hier sind wir angesprochen, nahezu ertappt, wie wir in Berührung mit uns selbst kommen. Mit Rumi hört die Stille auf, bloß Ruhe zu sein. Die Stille erklingt in hundert Klängen, die heftiger, ungestümer einen neuen Ort erschaffen, einen Ort jenseits aller Orte. Und plötzlich finde ich Zuflucht in Rumi, finde in seinen Worten, nicht selten zwischen den Worten, am Rand der Seite, in der Atempause, im rezitativen Ton eines Gedichts einen neuen, ungeahnten Ort, der mich anzieht und zugleich erzittern lässt.

Die Worte selbst sind es nicht, aber sie stiften in ihrer Komposition, in der Tiefe und Weite ihrer Bilder, in ihrer bezaubernden, schmerzlichen und zugleich zerbrechlichen Art den neuen Ort. Dieser Ort ist wie kein anderer. Und wer diesen Ort einmal bereist, die Worte gehört hat, der empfindet, dass sie aus der Liebe geschaffen sind. Dieser poetische Ort scheint auch eine Zuflucht zu sein, um vor dem zu flüchten, was das Herz erschwert, die Liebe hindert, Trennung und Hass stiftet. Für Rumi stellt dieser Ort die Dichtung dar. Dichtung ist für ihn keine schöne Täuschung, keine unwirkliche Verklärung, sondern die Sehnsucht nach einer Sprache jenseits der Sprache.

Ich höre nicht nur die Worte Rumis. Ich höre sein Atmen, seine Atempause, während sein Herzschlag den Rhythmus vorgibt. Und plötzlich kann ich mit ihm atmen.

Mit seiner Dichtung gibt Rumi mehr als Wort und Stimmung, mehr als Orientierung und Weisheitssprüche. Die menschliche Existenz verlangt nach Dichtung, nach einem Ausdruck für Hoffnung und Furcht, einem Ausdruck, wie ihn kein anderes verleihen kann – nicht die bildende Kunst, nicht die großen Erzählungen. Für Rumi gehören Hoffnung und Furcht zusammen, denn die Seele muss von beiden getragen werden:

Der Glaube besteht aus Furcht und Hoffnung. Jemand hat mich einmal gefragt: »Hoffnung an sich ist gut – also, was ist dann die Furcht?« Ich habe gesagt: »Zeig mir Furcht ohne Hoffnung oder Hoffnung ohne Furcht! Denn sie sind unzertrennlich. Was ist dann die Frage!« Zum Beispiel hat jemand Weizen gesät und hofft demnach, dass der Weizen gedeiht, aber er fürchtet auch zugleich, dass irgendein Unglück oder Unheil passiert. Daher ist offenbar geworden, dass es keine Hoffnung ohne Furcht gibt. Man kann sich niemals Hoffnung ohne Furcht oder Furcht ohne Hoffnung vorstellen. Nun, wenn jemand Hoffnung hat und auf Vergeltung und Belohnung hofft, wird er sich seiner Arbeit gewiss mit größerem Eifer und energischer widmen. Diese Erwartung ist sein Flügel. Je stärker der Flügel, desto länger ist der Flug. ❜[22]

Darin besteht für Rumi der Reiz der Dichtung, der Liebe, des Lebens: zerbrechlich zu sein, inmitten von Hoffnung und Furcht, inmitten von Gewissheit und Zweifel sich ganz der Hingabe zu verschreiben. Dichtung scheint bei Rumi wie ein Riss an einem Porzellangefäß, der nicht zum Gefäß gehört, nicht Teil dieses Dinges ist, aber plötzlich ist er da und er führt ins Innere des Gefäßes. Um ins Innere zu gelangen, muss das Gefäß brechen.

Gib deine Pläne auf, o Geliebter! Werde verrückt,
werde verrückt!
Tauche ein ins Herz der Flamme! Werde eine Motte,
werde eine Motte!
Entfremde dich von deinem Selbst
und zerstöre auch das Haus!
Dann komm! Lebe mit den Liebenden,
lebe mit den Liebenden! [23]

Der Riss, fremd, aber zugehörig, ist da, wo er nicht sein soll, wo er nicht erwartet wird, da, wo er nicht hingehört, aber gerade dadurch schafft er eine neue Lesart, weil er die Stimme der Zerbrechlichkeit ist, das Zeichen der Verletztheit, der Ausdruck der inneren Fremdheit aller Dinge. Was zu Bruch geht, ist die Fassade. Insofern betrifft die Dichtung die menschliche Existenz, ungeschminkt, als Verlautbarung einer unsagbaren Fremdheit. Rumi entwirft seine Dichtung als eine unvermeidbare menschliche Flucht, eine Flucht von allen Orten, von allen Plätzen und Räumen, hinein in den unaufhaltsamen Lauf der Entgrenzung, der sich, wie die Laufmasche in einem Gewebe, langsam, aber in allen Richtungen wuchernd, als Riss fortsetzt. Rumi fragt:
»Wohin fliegst du, o berauschtes Herz?«[24] Wohin soll die Lebensreise führen, wohin ankommen?

Jemand sitzt wach in finsterer Nacht mit der Absicht, dem Tag entgegenzureisen. Er weiß nicht, wie er reisen wird, aber da er den Tag erwartet, kommt er dem Tag nah. Ein anderer Mensch reist in dunkler, wolkiger Nacht mit einer Karawane. Er weiß nicht, wohin er gelangt ist, wo er vorbeikommt, welche Entfernung er hinter sich gelassen hat; aber wenn es Tag wird, sieht er das Ergebnis dieser Reise und ist irgendwo angekommen. ❡[25]

Wenn die Hände ich zusammenschlage, nicht von Frauenhand bin ich,
Nicht von diesem, nicht von jenem, aus jener großen Stadt bin ich.
Nicht nach Knechtschaft, nicht nach Spiel, nicht nach Wein und Rausch ich ziel,
Nicht vergoren bin ich, nicht betrunken, denn im Rausch ich bin zerstört,
so bin ich nicht, so bin ich nicht, nicht wie du vom Wein betört.
Nicht aus Erde, nicht aus Wasser, nicht von Menschen dieser Zeit:
Von diesem Blitzen haben Adam und sein kleines Wissen nicht Bescheid:
Um vor dieser Welt mich zu verbergen, halt zweihundert Schleier ich bereit. [26]

Der Weg nach innen ist ein Weg ins Dunkel. Doch ist diese Dunkelheit nur Schein. Wer sich ihr stellt, muss sie Schicht für Schicht entschleiern. Und: man muss den Weg auf irgendeine Art gehen, ohne dass es für ihn eine Wegkarte oder eine vorgegebene Route gäbe.

Alles befindet sich auf einer Reise zu Gott, aber kein Weg führt linear zu Ihm. Selbst wenn wir unsere Augen schließen, geben wir uns Gott hin. Niemand ist verloren, denn, so Rumi, der Tag wird endlich kommen und er wird jede Finsternis lichten. Wo wir stehen auf unserer Reise zu Gott, ist uns unbekannt. Unsere Reise gleicht einer Nachtreise. Kein Ort kann als eine bestimmte Station identifiziert werden. Nicht die Orte sind maßgebend, sondern die Haltung: sich der Nacht hinzugeben, der Ungewissheit und Unbestimmtheit. Während dieser Hingabe ist Rumi selbst ein anderer geworden. Und er fragt: Wer bist du?

3

Vom Ich zum Du: DIE VERWANDLUNG

Von Ort zu Ort zu reisen hat Rumi selbst verwandelt. Die Frage »Wer bist du?« soll ins Innere führen, das Ich ausleuchten. Doch Rumi fragt, wer denn diese Frage stellt: Wer bist du? Und wer ist es, der darauf antwortet?

In deiner Seele ist eine Seele. Suche diese Seele!
Im Berg deines Körpers ist eine Perle. Suche diesen Schatz!
Wenn du kannst, such den wandernden Sufi,
Suche nicht außerhalb, suche in dir selbst danach! [27]

Wer sich selbst zum Geheimnis geworden ist, findet zum großen Geheimnis. Doch wozu überhaupt ein Geheimnis? Rumi ist überzeugt: »Der richtige Kopf ist der, in dem ein Geheimnis wohnt; sonst sind tausend Köpfe nicht einmal einen Heller wert.«[28] Seinen letzten Sinn nicht zu finden, über Gott und die Wahrheit nicht zu verfügen kann den Menschen ungeduldig, zerstreut und ratlos werden lassen. In sich das Geheimnis zu tragen jedoch eröffnet eine andere Haltung im Leben: das Loslassen. Im Geheimnis ist eine tiefe Erfahrung verankert: mit der Unwissenheit leben zu lernen. Auszuhalten. Auszuhalten, was sich nicht halten lässt, stiftet Haltung. Ist nicht in allem ein Rest an Ungewissheit anwesend? Eine offene Stelle, eine leise Uneindeutigkeit? Und doch ist in allem auch die Möglichkeit eingeschrieben, dass es größer, tiefer, verwobener ist, als es scheint, eben das Unsagbare am Sagen, das Unsichtbare am Sehen, das Unhörbare am Hören. Ist dies das stille Geheimnis aller Dinge, das in allem still das Göttliche weilt? Rumi entdeckt im Koran den Vers: »Wo ihr euch hinwendet, ist das Antlitz Gottes.«[29] Unter seinen zahlreichen Vierzeilern ist der folgende zu lesen:

Im Becher schimmert Wein, erstrahlt im Licht.
Mein Wort, so offen, birgt doch das Geheimnis dicht.
Wohin auch der Blick fährt, klar und licht,
Sehe ich unverhüllt meines Freunds Gesicht. ❡[30]

Inspiriert vom Koran, in dem sich der Ewige in einem Atemzug als »der Offenbare und der Verborgene«[31] beschreibt, findet Rumi keine Verschlossenheit vor, sondern stets Türen und Tore, die zugleich Grenzen bedeuten. Das Geheimnis ist für Rumi also ein Grenzbegriff, eine Erfahrung, die zwei Seiten hat, sodass wir erst dann die Grenze überwinden können, wenn wir zuvor in Berührung mit ihr kommen. Die Frage: »Wer bist du?« ist eine solche Grenzfrage. Sie sucht Entgrenzung, Einheit, aber erst muss sie an die Grenze geführt werden.

اشتیاق

Ich fragte: »Wer bist du?«, er sagte: die Sehnsucht aller.
Ich fragte: »Wer bin ich?«, er sagte: die Sehnsucht der Sehnsucht. ❡[32]

Dem Geheimnis auf der Spur muss der Mensch der Unerklärlichkeit folgen, die bei ihm, in ihm selbst beginnt. Wer sich selbst befragt, begegnet sich als ein Du seines eigenen Selbst. Das eigene Ich wird zum eigenen Du. Damit macht Rumi deutlich, dass die Frage danach, wer wir sind, uns bereits verwandelt. Über jeder Frage vergeht Zeit. Denn kein Ich, kein Selbst kann ein starrer Zustand sein, sondern ist Dynamik: ein Du-Geschehen.

In meinem Herzen: Wünsche, Hoffnungen: du.
In meinem Kopf: Inhalt aller Sorgen: du.
Wie oft ich meine Lebenstage anschaue,
mein Heute: du, mein Morgen: du. ❡[33]

Wer bist du? Das scheint die Frage zu sein, die einen Riss, eine Bruchstelle in uns erzeugen soll. Wer fragt, ist uns unbekannt. Aber die Frage nimmt uns in Anspruch, aus der Frage wird eine Selbstanfrage. Die erste Einsicht besteht darin, zu erkennen, dass die Frage keine bloße Scheinfrage ist. »Wer bist du?« Vor dieser Frage werden die festen Mauern, die wir errichtet haben, um uns nicht infrage zu stellen, zu einer brüchigen Fassade. Nicht ein anderer, so Rumi, sondern du selbst solltest diesen Riss in deiner Fassade herbeiführen. Der Riss, der dann entsteht, ist kein Gewaltakt, sondern führt auf den Weg nach innen.

Die Frage vollzieht sich wie ein Klopfen an eine Tür. Damit ist die Sehnsucht verbunden, dass die Tür sich öffnet. Die Antwort auf diese Frage ist endlos, schreibt er selbst einmal, weil das Ich, das sie beantworten soll, unendlich ist. Es ist eine Reise in die Tiefen unserer eigenen Existenz, nicht etwas wird befragt, sondern ich bin überhaupt der Frage ausgesetzt. Rumi erkennt, dass die Frage »Wer bist du?« nicht nur nach einer oberflächlichen Antwort verlangt. Sie zielt darauf ab, uns selbst zu enthüllen, jenseits von Namen, Rollen und Identifikationen. Wer fragt und wer antwortet, sind nicht voneinander getrennt. Aber ist das überhaupt verstehbar? »Wer bist du?« ist keine bequeme Frage. Sie zwingt uns, die scheinbare Selbstverständlichkeit zu verlassen und unsere Mauern der Selbstsicherheit zu durchbrechen. Der Riss, der entsteht, ist eine Öffnung, die uns zu uns selbst öffnet. Es ist ein Akt der Befreiung von den Begrenzungen, die wir uns selbst auferlegt haben. Und sie ist ein Akt der Hingabe, weil wir uns dem Prozess der Selbstanfrage hingeben.

**Wenn die Durstigen Wasser suchen in dieser Welt,
so sucht auch das Wasser in dieser Welt die Durstigen.** ❡[34]

Die Frage »Wer bist du?« ist kein intellektuelles Spiel, sondern ein Aufruf zur inneren Verwandlung. Aber Verwandlung zu was? Sie ist ein sanftes Klopfen an die Tür unserer Seele, das uns daran erinnert, dass wir mehr sind als das, was wir zu sein glauben. Was heißt aber »mehr«? In Wahrheit müsste es »weniger« heißen, ein Weniger in unaufhörlicher Steigerung, denn bei jedem Klopfen an die Tür verlieren wir etwas von dem, was wir angehäuft haben. Das Haben geht somit ins Sein über. Und unser Dasein scheint nichts mehr zu wiegen.

**Alles ist der Geliebte, nur ein Schleier der Liebende.
Lebendig der Geliebte, tot der Liebende.** ❡[35]

Indem wir den Riss in unserer Fassade zulassen, öffnen wir uns für eine tiefere Verbindung mit unserem wahren Selbst. Die Antwort mag endlos sein, aber in dieser Endlosigkeit liegt die Freiheit, die uns dafür öffnet, immer wieder neu zu werden und uns selbst im unabschließbaren Prozess des Suchens zu erfahren.

Es klopfte einer an das Tor des Freundes.
»Wer bist du«, sprach der Freund, »o du Vertrauter?«
Er sagte: »Ich«. So sprach der: »Hinfort mit dir,
An diesem Tisch ist kein Raum für die Rohen!
Dem Rohen kocht allein das Feuer der Trennung,
Damit er sich von der Verstellung befreit!«
Der Arme ging für ein Jahr auf Reisen,
Und brannte in Flammen der Trennung vom Freund.
Reif kam zurück der Verbrannte von der Reise,
Um das Haus des Freundes zu umkreisen.
Er klopfte ans Tor mit hunderterlei Angst und Acht,
Dass ihm kein ungeziemend' Wort aus den Lippen entschlüpfe.
Es rief der Freund: »Wer ist da vor dem Tor?«
Er sagte: »Du bist vor dem Tor, du Herzensgeliebter!«
»Da du nun Ich bist, komm herein, du Ich!
Denn in diesem Haus gibt es keinen Raum für zwei Ich!« [36]

Hier scheint ein Hauptmotiv im Denken und Dichten Rumis auf: das Tor. Vor diesem Tor stehen wir. Die einen sehen aber kein Tor, sondern nur eine Mauer, die anderen sehen das Tor, aber klopfen nicht, wiederum andere klopfen, aber vernehmen nichts oder können selbst nichts sagen. Und dann gibt es die, die wir werden sollen: die das Tor sehen, klopfen, hören, antworten und scheitern. Ohne zu scheitern scheint keine Begegnung, keine Erkenntnis möglich. Für Rumi gehört diese Erfahrung des schmerzlichen Scheiterns zu einer unhintergehbaren Voraussetzung der Erkenntnis. Der Suchende nimmt das Scheitern nicht als ein endgültiges Urteil über sein Leben wahr, sondern als Erkenntnis, dass es noch nicht Zeit ist. Wir scheitern daher unaufhörlich. Das Scheitern wird zu einer Wegmarke. Daher lässt der Dichter den Suchenden auf Reisen gehen. Im Scheitern reifen wir, so Rumi. Das Scheitern des Suchenden ist mit der Einsicht verbunden, sich vom Tor des Freundes zu entfernen, um verwandelt wieder von neuem vor dem Tor zu stehen. Die Begegnung, die gelingt, will Rumi als eine Begegnung von Du und Du verstehen.

**Unsere Seelen, verwoben im Lauf des Lebens,
gleichfarbig leuchten wir, ob Gutes oder Fehlendes.** ❡[37]

Hier wird der Suchende nicht bloß der andere, sondern er begreift, dass er immer schon der andere war. Und mit dieser Einsicht, ein Du zu sein, erkennt er, dass das Tor, vor dem er abgewiesen wurde, niemals verschlossen war, dass er nicht nur der Suchende ist, sondern auch der Gesuchte, nicht nur der Rufende, sondern auch der Gerufene. Ich und Du verwandeln sich zum Leben.

O Leben, du bist mein Körper, meine Kraft, alles bist du.
Du bist meine Seele und mein Herz, o Herz und Seele – alles bist du.
Du bist ich geworden: alles bin ich.
Ich bin in dir entschwunden, so: alles bist du. [38]

زندگی

Das Tor ist also in Wahrheit ein Spiegel. Und der Freund? Er war niemals außerhalb. Und wir? Wir waren niemals diesseits des Tores. Der Spiegel zeigt kein Ich im Glanz, er zeigt vielmehr den unabschließbaren Prozess des Suchens, den stetigen Übergang vom Ich zum Du. Solange wir uns im Spiegel selbst sehen, kann sich das Tor nicht öffnen. Aber ist das nicht die Funktion, die Bestimmung des Spiegels, uns als Bild zu erfassen? Gerade deshalb verortet Rumi das Bleibende im Menschen, das Göttliche, das Du in seinem Ich hinter dem Spiegel. Der Suchende steht vor dem Spiegel und will wissen, wer er ist. Doch alles, was er vor diesem Spiegel als Tor der Erkenntnis erfährt, kann ihn in Wahrheit nicht erfassen. Denn der Spiegel reflektiert allein das Offenbare, das Oberflächliche. »Wer ein hässliches Gesicht hat«, so Rumi, »begehrt die Rückseite des Spiegels, denn das Antlitz im Spiegel ist ein Verräter. Wer ein hübsches Gesicht hat, begehrt das Antlitz im Spiegel von ganzem Herzen, denn das Antlitz im Spiegel ist der Erscheinungsort seiner Schönheit.«[39]

Rumis Auftrag: du sollst den Spiegel des Selbst entleeren, nichts mehr sehen im Spiegel, dann siehst du, was wirklich zu sehen ist. Doch dafür muss sich der Mensch infrage gestellt haben, sich selbst gefragt haben: »Wer bist du?« Dann erfährt er als Antwort: »Dein Bild ist nicht im Spiegel«, sagt Rumi, »nur, wenn du in den Spiegel blickst, siehst du dich, wie du bist.«[40] Erst der leere Spiegel avanciert zum offenen Tor. Weil du dann nichts siehst, sehnst du dich danach, die Rückseite des Spiegels zu erblicken. Das Du als Juwel im eigenen Ich ist unsichtbar, aber da. »Denn der Spiegel ist ohne Bild«, sagt Rumi, »wenn sich aber ein Bild darin zeigt, ist es das Bild eines anderen.«[41]

Ich ertappe mich, wie ich seine Worte wiederholt lese, leise lese, laut lese, immer wieder mich unterbreche, um erneut von vorn anzufangen, um den Rhythmus zu finden, mich dem Tanz der Worte hinzugeben. Die Worte haben ihre Leichtigkeit, ihren Schwung, indem sie mich unmerklich entführen: zu den hohen Bergen Afghanistans, zu den dunklen Gassen Kabuls, zu den beengenden Nächten der Flucht. Plötzlich wird alles schwer. Ich atme lauter. Rumi hat mich erreicht. Er führt mich wieder zum Anfang. Jetzt starre ich die einzelnen Worte an, gehe zurück, mein Blick bleibt bei den Buchstaben stehen. Als würde ich sehen, wie er seine Feder führt, die Stille mit dem Geräusch des Schreibens unterbricht. Die Frage »Wer bist du?« wird lauter, dann wieder leise, und plötzlich wird sie stumm. Ich weiß nicht, warum ich nicht mehr frage, warum ich, warum gerade dieses Ich nicht mehr zu hören ist. Ist mein Ich, der innere Drang der Identität, betäubt? Oder habe ich mich nie zuvor gefragt, ernsthaft gefragt, was es heißt, nicht mehr ein Ich zu sein? Ich muss weiterblättern. Und lese:

**O Feind meines Verstands: du, Heilmittel der Ohnmacht: du.
Ein Fass bin ich, und wie der Wein in mir brodelst du.
Mein Anfang: du, mein Ende: du, mein Außen: du, mein Innen: du.
König: du, auch Sultan: du, sowohl Wächter als auch Diener: du.** ❡[42]

Der Übergang vom Ich zum Du vollzieht sich in einem Prozess der Zurücknahme des eigenen Ich. Als würde man den Geburtsvorgang umkehren, um zu werden, was nicht geworden war. Das Ich soll nicht entschwinden, sondern sich verwandeln. Zu erkennen, dass im Spiegel nicht Ich, sondern Du aufscheint, zeigt, dass der Spiegel selbst uns der Begegnung von Du und Du aussetzt. »Wer bist du?« Die Frage lässt den Spiegel nicht leer bleiben, sondern mit einer Fülle aufscheinen, die uns, unser Ich überschreitet. Die Leere des Spiegels bedeutet: »Das Antlitz des Spiegels muss klar sein.«[43] Rumi fragt: »Was gibt es, was Gott der Erhabene nicht besitzt und dessen Er bedürfte? Vor Gott muss man ein Herz bringen, leuchtend und spiegelklar, damit Er Sein eigenes schönes Gesicht darin sehen kann. Der Prophet hat gesagt: ›Gott blickt nicht auf eure Gestalten und nicht auf eure Werke, sondern Er schaut auf eure Herzen und Intentionen.‹«[44]

Ging Rumi nicht durch so viel Leben, um hier, im Du, in jedem Du, das unbedingte Du Gottes zu erblicken? Rumis (Spiegel-)Mystik besteht in diesem so ernsten Versuch, das Ich ins Du zu überführen. Hier wird nicht das Ich geleugnet, sondern der letzte Sinn in einer existentiellen Erfahrung angerufen. Geboren werden, leben, sterben in dem Angesprochensein durch Gott: Das ist in der ursprünglichen Erfahrung versammelt, ein Du zu sein, ein Du Gottes, aber auch ein Du des anderen. Immer wieder erinnert Rumi an das Wort des Propheten Muhammad: »Der Gläubige ist der Spiegel des Gläubigen.«[45] Die Verwandlung vom Ich zum Du hat daher eine bedeutsame intersubjektive Bestimmung. Ein Du zu sein heißt durchlässig zu sein – für den anderen, für das andere Du, um von jedem Du angezogen, für jedes Du antreffbar, mit jedem Du mitfühlend, bei jedem Du anwesend zu sein.

Auf der Veranda thronen wir, ich und du.
In zwei Rollen, als zwei Gestalten, in einer Seele: ich und du.
Gartenklänge, Hühnerschnauben werden zu Quellenplätschern,
wenn wir in den Garten treten, ich und du.
Himmelssterne schauen auf uns immerzu,
lass uns ihnen unseren Mond zeigen, ich und du.

Vereint in Freude, ich und du, ohne ich und ohne du,
glücklich, ohne falsche Sorgen, ich und du.
Paradieses-Papageien schlecken Zucker,
wenn wir gemeinsam lachen, ich und du.
Wie erstaunlich, hier stehen an derselben Stelle ich und du,
Aber gleichzeitig sind wir im Irak und in Chorasan, ich und du.
Auf dieser Erde trage ich eine Gestalt, die andere du,
Im Paradies und in meiner Dankbarkeit gibt es nur: ich und du. ❟[46]

Die Einheit vom Ich und Du lässt keinen Gegensatz bestehen, ohne dabei den Unterschied zu tilgen. Rumi suchte das Du, er suchte das Du immerfort, und er erkannte, dass diese Suche ihm nicht nur allmählich den Ort fremd werden ließ, in dem er sich heimisch fühlte, sondern ihm auch wegnahm, was er sich als feste Identität aufgebaut hatte. Was er verlor, lag tiefer. Nichts, was man haben kann, sondern was man sein kann, wurde infrage gestellt. Die Frage »Wer bist du?« hatte einfach geklungen, aber sie wog schwer. Denn der Übergang vom Ich zum Du nahm Rumi unmerklich, was einem Leben Ruhe gibt: dass alles in etwa stimme, dass alles so weitergehe. Denn während sich das Ich vor dem Du zurücknahm, von innen leer wurde, jeden Stand und jede Kraft zurückließ, entfaltete das Du eine pulsierende Unruhe. Und Rumi hat sich diesem Drang verschrieben:

Als du in meinem Herzen ruhtest,
sah ich das Herz durch dich in Unruhe versetzt. ¶[47]

عشق

4

Von Angesicht zu Angesicht: DIE LIEBE

Vertraut mit der Unruhe war Rumi bereits in seinen Studien- und später auch in seinen Lehrjahren. Jahrelang ging Rumi auf dem Weg der Erkenntnis, die auch innere Vertrautheit mit Erfahrungen bedeutete, die andere einflussreiche und tiefsinnige muslimische Mystiker und Theologen gemacht haben. Sanâi, Attâr, Al-Ghazâli waren ihm vertraut. Er war überhaupt ein intensiver Leser seiner Tradition. Doch die Kenntnis der Unruhe war für ihn rein intellektueller Art; dass er selbst zu einer Geschichte der Unruhe werden würde, hätte er nicht erahnen können.

Komm, ich ward von Liebe zu dir verrückt!
Ich war eine Stadt, wurde Ruine, zerpflückt.
Ob deiner Liebe verließ ich mein Hab und Gut.
Ich wurde ein Leidensgenosse deiner Liebe voller Glut.
So träg' war ich, dass kein Wort ich fand,
Doch durch dein Antlitz fand ich Mut und Brand.
Fremd wurde ich denen, die mir nah,
Da meine Seele als deine ich sah.
Der Liebenden Geschichten las ich bei Tag und
bei Nacht.
Nun hat mich deine Liebe zu einer Geschichte
gemacht. ❜[48]

Bevor Rumi das Grundelement seines Lebens entdeckte, gleichsam die Welt in der Welt, hatte alles für ihn seine Ordnung, der Kosmos ebenso wie sein eigenes Leben. Doch eine einzige Frage wird ihn aus der gewohnten Bahn des Lebens werfen, eine Frage und der Mann, der ihn mit dieser Frage konfrontierte. Um diese Frage und mehr noch um diesen Mann sind mit der Zeit viele Legenden und Erzählungen entstanden. Doch alle Legenden zeigen, dass Rumi plötzlich und unerwartet mit einer Wirklichkeit in Berührung kommt, über die er selbst nicht verfügt. Nach der berühmtesten Legende wird ihm eines Tages mitten im Alltag auf der Straße ein Mann begegnen und ihm, ohne sich selbst vorzustellen, eine Frage stellen: »Wer ist größer: der Prophet Muhammad oder Bâyazid Bistâmi?« Rumi dürfte nicht gezögert haben zu antworten. Die Frage klang befremdlich, weil sie den Propheten Muhammad, das Siegel der Propheten, mit einem Mystiker aus dem persischen Ort Bastâm verglich, der für seine Ekstasen und Rauschzustände bekannt war. So antwortete Rumi etwas verwundert: dass natürlich der Prophet größer sei. Da änderte der Frager seinen Tonfall und fordere Rumi auf, noch einmal nachzudenken, bevor er so sicher antwortete. Denn habe nicht der Prophet gesagt: »O Herr, ich preise dich! Ich habe dich nicht so sehr erkannt, wie es sich gebührt.« Und Bistâmi: »Preis mir! Wie groß ist meine Majestät, dass ich Gott in meinem Mantel habe!«? Da war es um Rumi geschehen. Fiel Rumi in Ohnmacht durch die Antwort von Schams? Ist er je wieder zu sich gekommen? Der große muslimische Mystiker Abd ar-Raḥ mân-i Dschâmi (gest. 1492) wird berichten, dass nicht Rumi, sondern Schams in Ohnmacht fiel, als er die Erwiderung seiner Antwort von Rumi hörte.[49] Rumi habe erwidert, dass offenbar Bistâmis Sehnsucht gestillt sei, während der Prophet, dessen Brust für Gott geöffnet wurde,[50] »eine

Sehnsucht über Sehnsucht« nach Gott in sich trage. Und deshalb sei der Prophet höher wertzuschätzen als Bistâmi.
So oder so. Hier geschah eine spirituelle, zauberhafte Begegnung, die Rumi zu einer anderen Erfahrung öffnete. Diese Begegnung durchdrang ihn tief. Der Mann, Schams ad-Din aus Täbris, trug den Namen Schams, der wohl sein Innerstes beschrieb: »Sonne«.
Rumi selbst schreibt später einen Vierzeiler:

In Gott verloren hab ich mich, ging in ihn fort,
Nun ist Gott mein, in mir: Sucht nicht an anderm Ort!
Ich bin der Herrscher, der nicht anders sprechen kann.
Ich lügte, rief ich einen andern Herrscher an. [51]

Mit diesem Mann zog sich Rumi zurück, vernachlässigte sechs Monate lang alle Pflichten, selbst Essen und Trinken hatten keinen Reiz für ihn. Es ist offensichtlich, dass der bisher verehrte Dozent und ehrwürdige Bürger von Konya plötzlich befremdlich wurde, weil er sich nur um Schams ad-Din drehte. Und Schams ad-Din? Der schwer umgängliche Mann war ein Wanderer, der sich von der Welt zurückzog und seine Distanz zu allem Irdischen und den Menschen in seinem distanzierten Verhalten offenbarte. Man könnte ihn vielleicht als Derwisch oder als *Qalandar* bezeichnen – ein Begriff, der wahrscheinlich aus dem Persischen stammt. Er beschreibt eine Gruppe wandernder Mystiker, die sich von allen weltlichen Dingen lossagten und als Vagabunden umherzogen. Schams ad-Din, von dem wir nur wenige Überlieferungen haben, muss in Rumis Augen eine solche Schönheit haben, die sich kaum in Prosa fassen lässt. Rumi begann zu dichten – auf Persisch:

Zurückgekehrt ist der Mond, von dem der Himmel nicht geträumt.
Es brachte ein Feuer, das durch kein Wasser erlischt.
Schau mein Körperhaus an, schau meine Seele an!
Aus seinem Liebeskelch wird einer betrunken, ein anderer zerbrochen.
Als der Fürst des Weinhauses zum Gegner meines Herzens wurde,
Wurde mein Blut aus Liebe zu Wein und mein Herz wurde verbrannt.
Wenn der Blick von ihm erfüllt wird, erklingt der Ruf:
»Gut gemacht, Becher, und gut gemacht, Wein!«
Plötzlich sah mein Herz das Meer der Liebe
Und suchte mich darin und sprach: Finde mich!
Die Sonne trägt das Antlitz von Schams ad-Din,
Wolkengleich folgen ihm die Herzen.[52]

Die Frage ist: Wer suchte wen? Wer war Liebender, wer Geliebter? Und was hat Rumi so fasziniert, so erschüttert? Er schreibt:

Ich weiß nichts von jenem Wein, denn ich bin nicht mehr.
Ich weiß nichts vom Exil, denn ich weiß nicht, wo ich bin.
Zuweilen stürze ich auf den Meeresgrund,
um mich wie die Sonne zu erheben.
Zuweilen bin ich schwanger mit der Welt,
um wie die Welt Geschöpfe zu gebären.
(...)
Du bist das Licht, das zu Mose sprach und sagte:
»Ich bin Gott, ich bin Gott, ich bin Gott, ich bin.«
Ich fragte: Wer bist du, Schams aus Täbris? Er sagte:
»Ich bin du, ich bin du, ich bin du.«[53]

Wie lässt sich sagen, was Rumi sah, fühlte und erlebte, wenn er selbst um dieses Geheimnis rang?

Was auch immer ich sag, um die Liebe zu benennen,
Komm ich ihr nahe, muss Scham ich bekennen.
Mag die Sprache Licht ins Dunkel bringen,
Doch ohne Worte kann die Liebe singen.
Die Feder eilt im Fluss des Schreibens fort,
Doch bei »Liebe« zerbricht sie, Wort für Wort.[54]

Sein Werk, das als *Diwan* den Namen *Schams ad-Din-i Tabrisi* trägt, scheint eine Antwort auf diese Frage zu sein, eine Antwort, die sich in über 35.000 Versen, in über 3000 Liebesgedichten *(Ghazal)* entfaltet. Rumis leidenschaftliches Werk entstand in einem Zeitraum von dreißig Jahren, und es wurde zum Begleiter seines Lebens. In jedem Atemzug ist Schams, »die Sonne«, gegenwärtig. So steht in seinen Ġazal-Gedichten aus seinem *Diwan* anstelle seines eigenen Namens, was üblich wäre, stets der Name Schams ad-Din. Der Name von Schams ad-Din wird sein Dichtername, sein Inneres. Rumi schreibt, denkt, dichtet im Lichte von *Schams* (Sonne). Hier entdeckte er sich selbst – im Zuge der Selbst-Losigkeit.

Mein Selbst hab ich gegeben aus den Händen, so klar,
In Selbstlosigkeit versunken, wie froh bin ich, in mir zu ruh’n.
Der Liebste nahm meine Augen, nur ihn wollt’ ich seh’n,
Doch plötzlich öffneten sie sich, sein Gesicht vor mir, so nah.
Meine Seele kämpfte, sagte: »Tu mir nicht weh!«
Ich sprach zu ihr: »Nimm die Scheidung!« Ich gewährte sie geschwind: »Geh!«
Als meine Mutter sah das Brandmal deiner Liebe auf meiner Wange,
Trennte sie die Nabelschnur, als ich ins Leben drängte.
Wenn ich aufsteige zum Himmel, lese die Tafel, wohl verwahrt,
O du, Erlöser meiner Seele, wie verloren bin ich ohne dich!

Als du den Schleier hobst, erwecktest du die Toten zum Leben,
Das Licht deines Antlitzes, ein ewiger Bund, dem ich mich ergeben.
Verloren bin ich, o Seele, durch die Liebe zum König der Engel,
Verborgen vor mir und anderen, als wäre ich ein Engel.
Ich sprach von Schams ad-Dins Täbris: »O Körper, was bist du?«
Der Körper sagte: »Erde«, die Seele: »Wind, verweht ohne Ruh«. ❡[55]

Die Begegnung mit Schams war für Rumi unerwartet, außerordentlich und zugleich wegweisend. Mit dieser Begegnung erfährt seine Biografie ihren entscheidenden Bruch. Was danach kam, ist nicht mehr linear erzählbar und konsequent nachvollziehbar. Rumi nennt es Liebe. Doch die Liebe selbst ist nach Rumi nicht von dieser Welt, sondern eine im Menschen verborgene Leuchtkraft, *fitra*[56], eine natürliche Gottbezogenheit:

Ich will ein Gleichnis sagen über diese brennende Liebe:
Du bist ein Feuer, leuchtend in meinem Verborgenen. ❡[57]

Daher scheint für Rumi die Liebe als eine gewaltige und pulsierende Wirklichkeit in der Begegnung auf. Begegnet wird einer im Menschen eingeschriebenen Sehnsucht, die alles andere sich unterordnet. Diese Liebe versammelt den Menschen in einem Punkt, einem konzentrischen Punkt, endlich unendlich zu sein. In der Liebe ist der Mensch um sein Inneres versammelt, und er staunt über eine Fremdheit, die alles Bekannte verwüstet. Die Liebe nimmt mit ihrer Annäherung das Fremde hinweg, entgrenzt sich, weitet sich ins Unendliche, beugt sich zum Fremden im eigenen Selbst – und wird sich selbst fremd.

Mit meinem Sein und Nichtsein bin ich fremd.
Von beiden habe ich mich losgesagt, nicht durch Feigheit gehemmt.
Wenn ich von den Wundern spreche, die ich im Herzen hüt,
Werde ich nicht verrückt, sondern Verrücktheit geschieht. ❡[58]

Die Liebe, die ihm widerfuhr, ließ ihn seiner äußeren Biografie ein Ende setzen. Was mit der Liebe ihren Anfang nahm, lässt sich als seine innere Biografie begreifen:

Hört, o Freunde, auf diese Geschichte;
in Wahrheit ist sie das Wesen unseres inneren Zustandes. ❡[59]

Der innere Zustand ist dabei kaum zum Ausdruck zu bringen. Rumi erblickt dieses Unsagbare im Antlitz eines Menschen. Darin scheint der eigentliche Grund für das Überfließende der Gefühle, der Sprachkraft, der Melodie, der Dichte und der Intensität seiner Dichtung zu liegen, die von diesem Zustand, dieser Betroffenheit der Liebe erzählt. Dort findet Rumi keine Ruhe, sondern Vergänglichkeit. Hier griff die Unruhe um sich. Sie war seine Unruhe, seine Verletzlichkeit, seine Hingabe. Doch seine Hingabe war nicht mehr eine abstrakte Idee, nicht mehr eine Glaubenslehre. Wenn Rumi jetzt vom Ich und Du spricht, hat er eine Beziehung vor sich, keine in Stein gehauene stille Bestimmung, sondern eine Beziehung von Lebendigen, die zwischen Menschen geschieht: von Angesicht zu Angesicht.

Weder bin ich ich,
Noch bist du du,
Noch bist du ich.
Auch ich bin ich,
Du bist du,
Und du bist ich.
In einer Weise bin ich mit dir verbunden,
O Geliebter,
Dass ich verwirrt bin,
Ob ich du bin,
Oder du ich bist. ¶[60]

Diese Beziehung war konkret und einzigartig, und zugleich verfügte Rumi nicht über sie. In ihr schien ein Drang zu wohnen, der alles außen stillgelegt hatte. Alles war in ihr.

**Die Summe von allem, Schams, leuchtend und klar,
Will ich, keinen Teil, sondern alles ganz und wahr.** [61]

Nicht einfach der Mann, der ihm gegenüberstand, sondern die Beziehung mit ihm, das Angezogensein von ihm, der Drang zu ihm formten die Beziehung selbst zu einem lebendigen Ereignis, das Rumi ganz und gar ergriff.

**Schams aus Täbris ist eine Ausrede hier,
Wir sind dank der schönen Gnade, wir.
(...)
Ausgelöscht durch die Schönheit von Schams sind wir,
In dieser Auslöschung sind weder er noch wir.** [62]

Rumi ist von der Liebe ganz eingenommen. War es eine erotische Liebe oder eine geistige? Worin besteht der Unterschied? Und wie lässt sich die Liebe, der Drang nach Vereinigung vom Körper trennen? Ich will diese Liebe verstehen. Wie sehr aber ich mich ihr annähere, wie tief ich mich in ihren Empfindungen einfinde, entfernt sie sich von mir, als wollte sie den Schleier nicht heben wollen, ihr Geheimnis nicht lichten. Dann lasse ich los. Ich protestiere! Ich will sie nicht wahrhaben! Alles Verklärung! Alles weltferne Romantik! Dann aber zieht Rumi mich wieder an, ich suche erneut, wieder verloren in Zeilen über Zeilen. Was ich dann entdecke, ergreift mich, weil es mich anblickt, anspricht:

O Sehnsucht meines Herzens, komm, komm, komm, komm!
O meine Bestimmung und Erfüllung, komm, komm, komm, komm!
Verwirrt bin ich und zerzaust wie deine Locken, wie deine Locken,
Oh, du löst mein Rätsel, komm, komm, komm, komm!
Sprich nicht von Zielen und Abwegen, nicht mehr, nicht mehr!
Oh, du bist mein Weg und mein Ziel, komm, komm, komm, komm!
Genommen hast du eine Handvoll Erde, eine Handvoll Erde,
Inmitten der Erde bin ich, komm, komm, komm, komm! [63]

Die Sehnsucht, die sich bei Rumi in Liebe verwandelt hat, scheint einen zeitüberschreitenden Charakter zu haben. Keine Erzählung, kein Dokument, kein Gegenstand vermochte, diese lebendige Liebe aufzuzeigen. Im Verlauf dieser Beziehung kam unbändige Unruhe zum Vorschein, wurde offensichtlich, dass diese Liebe weder kalkulierbar noch disziplinierbar war. Schams, der als eine Frage in sein Leben eingebrochen war, nahm Rumi das Leben und machte es selbst zu einer Frage, zur Unruhe, zur Sehnsucht, die ihn verwandelte:

Ich war einst tot, nun lebendig; ich war weinend, ich wurde lachend.
Die Liebe kam mit Macht und schenkte mir ewiges Dasein.
Mein Auge ist gesättigt, meine Seele ist kühn,
ich trage das Herz eines Löwen, ich wurde der strahlende Morgenstern.
Er sprach: »Du bist nicht verrückt, nicht des Hauses würdig!«
Ich ging und wurde verrückt, gefesselt in seinem Gefolge.
Er sprach: »Du bist nicht berauscht; geh, verlass diese Gesellschaft!«
Ich ging und wurde berauscht, ich wurde übervoll vor Freude.
Er sprach: »Du bist nicht erschlagen, nicht von Freude durchtränkt!«
Vor seinem lebensspendenden Antlitz wurde ich erschlagen und niedergestreckt.
Er sprach: »Du bist klug, von Fantasie und Zweifel umhüllt!«

Ich wurde zum Narren, zurechtgewiesen und aus allem gerissen.
Er sprach: »Du bist eine Kerze geworden, die Gebetsrichtung dieser Versammlung!«
Ich bin nicht Teil der Versammlung, bin keine Kerze, ich wurde zu flüchtigem Rauch.
Er sprach: »Du bist Scheich und Vorsteher, du bist Anführer und Leiter!«
Ich bin kein Scheich, ich bin kein Führer, ich wurde Diener deines Befehls.
Er sprach: »Du hast Feder und Flügel, ich gebe dir keine!«
In meinem Verlangen danach wurde ich federlos und flügellos.
Die neue Liebesmacht sprach: »Geh nicht diesen Weg, werde nicht traurig!«
Durch Gnade und Großmut komme ich nun zu dir.
Die alte Liebe sprach: »Weiche nicht von meiner Brust!«
Ich sagte: »Ja, das tue ich nicht. Ich finde Ruhe und bleibe.«
Du bist die Quelle der Sonne, ich bin der Schatten der Weide;
Wenn du mein Haupt berührst, werd' ich klein und zergehe.
Mein Herz fühlte die Glut der Seele, öffnete sich, entzweit.
Ein neues Gewebe webend, werd' ich Feind des Zerlumpten.
Die Gestalt der Seele sprach zur Morgendämmerung:
Ich war Sklave und Eseltreiber, nun bin ich König und Herr in voller Blüte.

Ein Papier von dir, Dankbarkeit für deine Süßigkeit,
kam in meine Arme und blieb dort, fest versenkt.
Meine düstere Erde dankt dem gewölbten Himmel und
der Sphäre, sich beugend,
denn durch ihre Hinwendung und ihren Umlauf werd ich
zum Empfänger des Lichts.
Die Himmelssphäre dankt für König, Königreich und Engel,
denn durch diese Großzügigkeit und Freigebigkeit strahl
ich hell und ganz.
Der Wahrheitskenner dankt dafür, dass wir von allem
gelernt haben.
Über den sieben Sphären wurde ich ein leuchtender
Stern.
Ich war Venus, wurde Mond, dann der Himmel,
zweihundertfach;
ich war Josef im Brunnen, nun bin ich Josef in Blüte.
Mond, berühmt und strahlend, dir gehöre ich, schau auf
mich und dich.
Durch die Spur deines Lächelns wurde ich ein lächelnder
Rosengarten, lieblich.
Sei still wie beim Schachspiel, während andere reden,
denn durch das Antlitz des Königs dieser Welt wurde ich
glücklich und selig. ¶ [64]

Unmerklich ist hier von der Liebe die Rede, die verwandelt, aber dafür die ganze Person in Anspruch nimmt, alles von ihr abverlangt. Denn die Liebe soll einen Menschen nicht bloß verwandeln, zu einem anderen werden lassen, sondern die Person »nach innen« beugen, in ihre eigene Tiefe. Demnach macht die Liebe den Menschen zu dem Wesen, wofür er bestimmt ist: »Bedürftiger Gottes« zu sein. Die Liebe macht wesentlich. Und sie erinnert an die innere Unruhe aller Dinge. Rumis Unruhe stand vor ihm und blickte ihn an, und Rumi erblickte in diesem Blick das Ewige, in sich, inmitten von du und du. Heimisch und zugleich unheimlich muss das Erleben gewesen sein, nah und fern, bekannt und fremd, das ihm den Boden unter seinen Füßen zum Beben brachte. Er bebte immer fort und der Klang dieses Bebens war ihm vertraut: Schams, Schams, Schams.

In meinem Herzen, das Innere und Äußere, alles ist er.
In meinem Körper, Seele, Ader und Blut, alles ist er.
Wie können Leugnung und Glaube hier einen Ort finden?
Ohne einen Grund ist mein Dasein, denn alle Gründe sind er. ”[65]

Rumi fühlte, dass hier etwas geschah, das von Zeit und Ort, von Sitten und Normen nicht berührt war, etwas Ursprüngliches, Einfaches. Ohne Schmuck, ohne Zutat war die Liebe in dieser Begegnung anwesend. Von Angesicht zu Angesicht begegneten sich Sehnsucht und Sehnsucht.

Ich sah meine Schönheit in deiner Schönheit erwacht,
Und wurde zum Spiegel, der deine Fantasien entfacht. ❡[66]

Wohin aber soll die Liebe führen? Rumi sieht in der Liebe keinen Weg, der zu einem anderen Gut und Ziel führen soll, sondern für ihn stellt die Liebe Grund, Inhalt, Praxis und Ziel des Ganzen dar.

Wo immer du bist und in welchem Zustand du dich befindest, trachte danach, ein Liebender, ein leidenschaftlich Liebender zu sein. Und wenn die Liebe dein Gut geworden ist, bleibst du immer ein Liebender, im Grab, im Paradies, immer und ewiglich. Wenn du Weizen gesät hast, wird gewiss Weizen wachsen, in der Scheuer wird Weizen sein, im Backofen wird Weizen sein. ❡[67]

Wurzelt alles in der Liebe? Oder verklärt die Liebe das Leben? Wenn die Liebe den Menschen ganz eingenommen hat, dann lässt sie nichts anderes bestehen. Indem die gesamte Welt auf die Liebe reduziert wird, verliert sie ihre große Vergänglichkeit, weil sie in der bleibenden Liebe Gottes gegründet ist. Wo sich die Liebe einfindet, ist Gott gegenwärtig. Weil außer Liebe nichts fehlt, was notwendig wäre.

Wallt auf, wallt auf, denn wir sind das Meer der Gefühle,
Nur Liebe, nur Liebe, sonst haben wir keine Tat!
In dieser Erde, in dieser Erde, in diesem reinen Feld,
Nur Liebe, nur Zuneigung säen wir.
Wie berauscht sind wir, wie berauscht sind wir von jenem
König, kommt, kommt, lasst uns die Hände erheben!

Was wissen wir, was wissen wir, was wir gestern getrunken,
Denn heute sind wir den ganzen Tag berauscht und betrunken.
Fragt nicht, fragt nicht, wie es uns wirklich ergeht!
Denn wir sind dem Wein ergeben, zählen nicht die Becher.
Ihr wurdet nicht betrunken und habt von jenem Wein nicht gekostet,
Was wisst ihr, was wisst ihr, in welchem Zustand wir uns befinden!
Wir sind nicht auf dieses Erdreich gefallen, wir sind keine Strohhalme,
Wir erheben uns über diese Sphäre, wir sind Männer der Festung. ❜[68]

Rumi erkennt in der Liebe, in seiner konkreten Liebe, dass sie der Vergänglichkeit entzogen ist. Die Liebe ist die Spur der Ewigkeit im Zeitlichen. Hier werden die Liebenden nicht verdinglicht, sondern mit der Ewigkeit verwoben, Zelle für Zelle, indem alles leicht und noch leichter wird, indem alles Schwere entschwindet. Daher kann Rumi von einer Bindung sprechen, die zugleich Loslassen bedeutet. Nicht nebeneinander, nicht für sich oder nacheinander, sondern miteinander neigen sich Liebende der Ewigkeit zu. Was bleibt, ist weder ich noch du, was bleibt, ist die geteilte Neigung. Was bleibt, sind zwei Seelen, die zwei Leiber geteilt haben. Ist dies bloße Leidenschaft? Mehr, es ist unbändige Hingabe, so sehr zu wollen, dass der andere nicht vergeht, dass er in diesem Wollen selbst sich auflöst. Denn alles wird vergehen, aber nicht, was bereits vergangen ist.

»Liebe zerreißt das Gewand«, sagt Rumi.[69] Insofern weist seine Sprache der Liebe auf diese verwüstende Kraft der Liebe hin.

Was heißt es, vertraut zu werden mit Liebesglut?
Selbst Blut zu werden, verschenken sein eigenes Blut. ¶[70]

Aber dahinter verbirgt sich unendliche Zärtlichkeit, die verbindet, was unvereinbar scheint, und damit Liebende zum Göttlichen erhebt.

Ich ging gestern zu ihm voller Aufregung.
Doch er fragte nichts, saß ohne Regung.
Ich blickte ihn an, das heißt: »Los, frag mich,
Denn wie eine schlechte Nacht bin ich ohne dich!«
Doch mein Freund sah die Erde an.
Denn das heißt: »Werde tief und bewusstlos wie die Erde!«
Ich warf mich nieder, küsste die Erde.
Denn das heißt: »Ich bin wie die Erde, berauscht und bewusstlos.« ¶[71]

Sieht die Liebe nicht über den Schmerz hinweg, der unentwegt das Kleine und Große begleitet? Ist die Liebe nicht die intensivste und stärkste Berührung? Rumi lebt und lehrt eine Liebe, die spüren lässt: Sie bleibt unfertig, ungestillt, weil sie sich nicht nur wie Seligkeit auf Leiber legt, sondern stechend in den Leib hineingeht, um ihren Weg in diese Seele mit Schmerz zu finden. Wie wundersam ist doch diese Liebe!

5

Von der Bindung zur Trennung:

DER SCHMERZ

Für Rumi war die Liebe ein schweres Erwachen, eine Selbsterfahrung, die ihn ganz ergriff.

**Bis ich mit dir bin, raubt mir die Liebe den Schlaf.
Bis ich ohne dich bin, raubt mir die Trauer den Schlaf.
Gepriesen sei Gott! Ich bin in beiden Nächten wach;
Beachte den Unterschied zwischen wach und wach!** ❡[72]

Die Sehnsucht, die Rumi fortan trieb, versammelte sich in einer Person, einer Geschichte, einem Angesicht.

**Du bist der Tropfen, das Meer, die Gunst, der Zorn,
du bist süß wie Zucker, bitter wie Gift, überschütte mich nicht weiter.** ❡[73]

Die einfache, schlichte Einsicht, dass es tatsächlich Liebe war, ergriff jeden kleinen Teil seines Körpers, und jedes Stück seines Daseins wurde sprachfähig. Alles an ihm sprach, schrie und klagte. Er wurde ein intensiver Hörer des Wortes, der lauten Klagen, der Pulsschläge des Herzens, der schweren Atemzüge, der stillen Starre.

**Ich bin ruhelos in deiner Stimmung, Tag und Nacht.
Nicht hebe ich meinen Kopf von deinen Füßen, Tag und Nacht.** ❡[74]

Rumi schreckt nicht zurück vor dieser Liebe, sondern sucht die Nähe. Als stiege Kraft in seine Adern aus den Tiefen seiner Existenz, wuchs er über sich hinaus, indem er ganz und gar seinem Schams zugetan war. In einem Rumi zugeschriebenen Gedicht ist zu lesen:

Mein Meister, mein Begehr, mein Schmerz, meine Medizin,
Diese Worte offenbare ich: mein Schams und mein Gott.
Durch deine Wahrheit erhoben, o Wahrheitsgewährer,
In Dankbarkeit preise ich dich, mein Schams und mein Gott.
Deine Liebe besiegt mich, du König beider Welten,
Bis du mich anblickst, mein Schams und mein Gott.
Ich schmelze dahin, bis keine Spur von mir bleibt,
Es ziemt sich, vor dir zu vergehen, mein Schams und mein Gott.
Wo war die Macht von Gabriels Schwinge,
Um mir Zeichen von dir zu geben, mein Schams und mein Gott?
Jesus erweckte Tote zum Leben und erkannte, dass er selbst vergänglich war, du bist der ewig Lebendige, mein Schams und mein Gott.
Sag den Jungfrauen des Paradieses, sie sollen ihre Gewänder ablegen,
Errichte den Thron, denn es kommt: mein Schams und mein Gott! ❜[75]

خدای من و شمس من

Doch Schams verlässt Konya – ohne Abschied. Und Rumi bleibt zurück. Wie wird er auf diese bittere Nachricht reagiert haben? Was wird er dabei gefühlt haben, dass seine geliebte Person fortgegangen war? Seufzer? Tränen? Wehklagen?

Mögen ohne dich unsere Schmerzen in der Welt nicht heilen,
Möge ohne dich der Tod sein und die Seele nicht bleiben!
Die Herzen der Liebenden werden nur von dir erleuchtet,
Mögen ohne dich die Blüten unserer Seelen nicht lächeln!
Höre den Glauben, der mit lauter Stimme spricht:
»Mit deinen zerzausten Locken soll kein Glaube ohne dich bleiben!«
Der Verstand ist der verborgene Herrscher, der Himmel sein Schirm,
Mögen Krone, Thron und Schirm nicht ohne dich bleiben!
Ich wurde Zeuge der Liebe, wie sie zum Schankwirt der Liebenden wurde,
Mögen sie uns nicht ohne dich gesehen haben.

**O du, der du wie der Atem Jesu für die toten Seelen bist,
Mögen das Königreich Ägyptens und Josef von Kanaan nicht ohne dich bleiben!
Schams aus Täbris ist – und ich bin glücklich.
Ich verzierte mein Gesicht golden und sagte:
»Möge es nicht ohne dich bleiben!«** ❡[76]

Nach langer Suche wird Schams in Damaskus entdeckt und wieder nach Konya gebracht. Das Wiedersehen soll innig, aber schmerzvoll gewesen sein. Rumi weinte und seine Freude, die mit Schmerz gepaart war, floss aus seinem Herzen über. Doch nach einiger Zeit wird Schams erneut verschwunden sein. Der Hass, der ihn – auch aus dem Familienkreis von Rumi – traf, war von Unverständnis genährt, wie es denn sein konnte, dass er das Herz von Rumi so ganz beanspruchen konnte. Wurde er vertrieben oder sogar ermordet? Rumi war untröstlich. Kein Moment der Stille dürfte sich über Rumi gelegt haben, während er den Schmerz der Trennung in seinem Innersten zu spüren begann.

**Mein Herz liegt schwer, und nur in dir finde ich Heilung.
Ohne dein Antlitz wird Zeit zur drückenden Verschweigung.
Möge kein Herz je spüren, kein Körper es erahnen,
Trauer und Trennung, die meine Seele gefangen nahmen.** ❡[77]

Rumi reagiert nicht mit Wut oder Enttäuschung, weder mit Ärger noch Zorn.

**Vom Schmerz der Trennung von Schams ad-Din ist meine Brust eingeschnürt.
Er ist der ersehnte Messias der Zeit, und mein Augenschmerz niemals Heilung verspürt.** ❡[78]

Seine Reaktion auf die Trennung von Schams ist ins Sinnliche geführt: Poesie, Tanz, Musik. War sein Innerstes nach außen gekehrt? Kann sich Verletzlichkeit in Schönheit verwandeln? Nicht verwunderlich für einen Menschen, der die Liebe in dieser Bindung sinnlich empfunden hatte. Die Bindung, die er mit Schams eingegangen war, war nicht nur äußerlich sichtbar gewesen. Sie hatte sich auch in seinen Körper eingebrannt. Ihn traf die Trennung dort, wo er am verletzlichsten war: in seiner Liebe, in seiner Bindung. In jeder Stelle seines Lebens war diese Bindung eingeschrieben, mit allem hatte er ihn geliebt. Und jede Stelle war nun verwundet.

**Das Wasser, es fließt aus diesen Augen wie Blut,
sieh, wie es fließt, fließt wie Blut.** ❡[79]

Man dürfte beim bloßen Anblick schon seine tiefe Bindung an Schams gespürt haben, aber man sah eben die äußere Haut. Er gesteht: »Höre die Schreie und die Wehklage aus jedem Partikel deiner Existenz«[80]. Aus seinen Tiefen stieg der Schmerz der Trennung auf, öffnete von innen alle Fasern seines Körpers und verwandelte seine Bindung in Trennung.

**Mein Trost ist allein der Schmerz seiner Liebe.
Vergießt er das Blut meiner Seele, hundertfach ist er das Blut wert.** ❡[81]

Rumi nannte es Schmerz, aber es war Liebe. Sie hatte nur ihre Form geändert. Diese Liebe war wie ein unsichtbarer Faden, der die beiden Seelen für immer miteinander verband. Rumi deutete einmal an, dass der Schmerz Empfindsamkeit stiftet, »denn was dich im anderen schmerzt, schmerzt dich in dir selbst«.[82]

Rumi wusste, dass diese Liebe in ihm einen tiefen Abdruck hinterlassen hatte. Und der Schmerz zerstreute sich in ihm und nahm damit alles in Anspruch. Der Platz von Schams blieb leer.

Seit du mich verlassen hast, sind Arme leer und schwer.
Niemand hat mich still erblickt, wenn Tränen kamen her.
Unvergessen bleibst du Herz, Seele und dem Blick!
Lass mich, um Gottes Willen, vergessen nicht zurück. ❜[83]

Die Leere blieb. Aber auch sie musste weichen. Rumi entdeckte eine innere Regung, die sich aus diesem Trennungsschmerz heraus Ausdruck verschaffte. Und er gab sich dieser Regung hin. Tief ist die Empfindung. Und sie überschreitet die Grenzen der rationalen Erfassung. Soll man sich überhaupt einer solchen verwüstenden Liebe hingeben, die alles in Brand setzt? Oder muss sich der Verstand selbst, der alles kalkuliert, in Nutzen und Nachteil eingrenzt, für die Liebe öffnen.

Der verirrte Verstand kam nachts und klopfte an die Tür,
Ich fragte: »Wer ist da? Öffne die Tür und tritt ein!«
Er sagte: »Wenn das Feuer ins Haus dringt,
Werden beide Welten von den Flammen verzehrt.«
Ich sagte ihm: »Sei nicht traurig, setze deinen Fuß tapfer hinein,

Damit du, von der Existenz gereinigt, zu einem Wesen des Jenseits wirst.
Blicke nicht auf das Ende, um das Ende zu sehen,
Damit du wie der ›Löwe Gottes‹ stolz in der Tapferkeit wirst.« [84]

> Während für den mystischen Dichter Attâr (gest. 1221), der Rumi stark beeinflusst hat, der Schmerz eine entscheidende spirituelle Erfahrung bedeutet, um sich zu verwandeln, wird der Schmerz bei Rumi zu einer existentiellen Frage. Ich frage mich, ob der Schmerz zur Liebe gehört oder die Liebe zum Schmerz. Ist der Schmerz die Stimme in mir, die nicht meine ist? Wie soll ich ohne Schmerz dieser Liebe auf die Spur kommen? Wie soll ich zu meiner Liebe finden? Muss jede Seele einem »Schams« begegnen, um die wahre Liebe zu empfinden? Aber: Ist nicht *alles* von der Liebe durchdrungen? Sagt nicht Rumi, dass es kein Außerhalb der Liebe gibt? Oder haben wir die Liebe unsichtbar gemacht? Ist es ihre Zartheit oder ihre Schärfe, die keinen Raum in unserer Gegenwart findet? Oder sind wir nicht mehr empfänglich für eine Liebe, die in allem ruht, alles belebt, alles trägt? Sollten wir die Liebe gefunden haben oder Suchende der Liebe sein und bleiben? Bleibt auch der Schmerz?

Es ist der Schmerz, der den Menschen führt. Welcher Tätigkeit er auch nachgeht, solange es in ihr keinen Schmerz, keine Leidenschaft und keine Liebe gibt, wird er nicht danach trachten. Ohne Schmerz wird keine Tat vollbracht, sei es das Diesseits oder das Jenseits, sei es Handel oder Königtum, sei es Gelehrsamkeit oder Sternkunde etc. Solange Maria die Schmerzen der Wehen nicht spürte, wandte sie sich nicht zu dem Baum des Glücks. »Und die Wehen brachten sie zum Stamm der Palme« (Koran 19:23). Dieser Schmerz führte sie zum Baum, und der dürre Baum trug Früchte. Der Leib ist wie Maria, und jeder von uns hat einen Jesus. Wenn wir in uns keinen Schmerz haben, wird unser Jesus nicht geboren. Wenn der Schmerz nicht kommt, geht auch Jesus auf dem geheimen Pfad, auf dem er gekommen war, zu seinem Ursprung zurück, und wir bleiben beraubt und ohne Anteil an ihm zurück. ❟[85]

Rumi war wie ein Offenbarer, der das große Glück, das ihm da draußen entronnen war, in sich suchen lernte.

Nicht außerhalb von dir ist, was in der Welt ist. Suche in dir, was immer du willst, das bist du. ❟[86]

In diesem Akt, die verlorene Perle aus dem Meer der Seele hervorzuholen, verzweifelt, verloren, verzückt und verspielt, in all diesen Versuchen ist ein tiefer Geist entstanden, der so offen, so maskenlos, so verletzlich sprach, sang, dichtete und tanzte, dass Menschen bis heute von ihm berührt sind und ihn *Mawlânâ,* »unseren Meister«, nennen. »Solange du Schmerz und Bedauern empfindest«, sagt Rumi, »ist es ein Zeichen für Gottes Liebe und Huld.«[87]

Er lehrte nicht nur die Liebe, sondern er liebte selbst, sodass sein Leben zu einem Lehrstück der Liebe wurde. Aber kein Lehrstück, keine Liebeslehre, die memoriert und nachgeahmt werden könnte! Vielmehr führt er den Zustand eines Liebenden vor Augen, der sich ins Offene weitet, weil Liebe nicht satt wird, nicht genug hat, sondern alles durchströmt.

Mein berauschender Mond, nicht genug trink ich von dir,
Ich dürste, sei nicht grausam, ungerecht zu mir. ❡[88]

Hier dürstet Rumi nach dieser Liebe, und sein Durst führt ihn zur Verwüstung aller Konstruktionen, die wir um uns errichtet haben – jenseits von dem, was uns wesentlich berührt. Er war kein Held, kein Vorbild, kein Prophet. Er war ein hoffnungslos Liebender, wie eine Rose, die erblüht, um zu verwelken.

An seiner Umarmung ist mein Leben geschwunden,
Ich hab mich erneut ihn umarmend gefunden. ❡[89]

Träumte er von Schams? Oder sind seine Träume ausgeblieben?

Heut' Nacht entfloh der Schlaf aus meinen Augen und dem Geist.
Er sah das Herz zerstört und ist verreist.
Der Schlaf sah das Herz, zerschmettert und leidgeplagt.
Vor diesem geschmacklosen Mahl entfloh er wie verjagt.
Der arme Schlaf, gefangen in den Klauen der Liebe,
Erlitt Wunden, ohne Ruh er entfloh.

Die Liebe öffnete ihre Lippen so groß wie ein Wal,
Der Schlaf, wie ein Fisch im Wasser, entfloh.
Und als der Schlaf den Feind sah,
Schnell schlug er die Flügel und entfloh.
Unser Mond erstrahlt' bei Nacht, doch der Schlaf
Wie Schatten vor der Sonne, entfloh.
Der Schlaf sah wach das Mächtige,
Und wie ein Spatz vor Falken, der Schlaf entfloh.
Gelobt sei Gott! Er kehrte zurück,
Als er erschien: der nächtliche Rabe entfloh.
Die Liebe stellte dem Schlaf eine Frage,
Ohne Antwort der Schlaf entfloh.
Der Schlaf zog in alle Richtungen.
Als Gott die Tür öffnete: Der Schlaf entfloh.
Schams aus Tabriz, als ich von dir träumt',
Der Schlaf, wie die Lüge vor der Wahrheit, entfloh. ¶[90]

Das alles fließt in sein Werk, in seinen *Diwan,* in seine Liebesgedichte, in seine Vierzeiler, es fließt wie ein Traum, der nicht fassbar, nicht greifbar scheint, aber er war da, er hat dem Inneren ein Bild hinterlassen. In der Bindung mit Schams fand Rumi das Leben in seinem Überfluss, aber auch diese Bindung musste weichen. Las er nicht im Koran, in dem es heißt: »Alles ist untergehend: nicht aber Sein Antlitz«[91]? Alles muss weichen. Aber Rumi fragt: Wohin entschwindet denn dies alles? Wohin war Schams entschwunden?

Einer sagte: »Ich habe Schams ad-Din gesehen.«
So frage ihn: »Wo ist der Weg zum Himmel?«¶[92]

قال

6

Von der Prosa zur Poesie:

DIE DICHTUNG

Rumis Leben vollzog sich inmitten von beidem, Bindung und Trennung, und sie gingen ineinander über. Beide verließen den Liebenden nicht, sondern gaben seiner Dichtung unendliche Klänge, Rhythmen, Farben.

Wenn du meinen Leichnam siehst, sag nicht: »Trennung, Trennung«!
Für mich ist es die Zeit der Begegnung, der Vereinigung. [93]

Der Schmerz der Trennung musste bleiben, weil er sich wie ein letzter Ruf von Schams anfühlte und Rumi an dieser Resonanz festhielt. Der Schmerz wurde zur Poesie. Aber warum? Von früh an war Poesie für Rumi von Bedeutung, aber jetzt wurde sie zu seinem Leben. Rumi beugt sich diesem inneren Ruf – und es wird sein eigener Ruf.

Mein Mund öffnet sich nicht ohne deine Lippen,
Keine Rede findet statt ohne deine Lippen,
Gott ist in meinem Herzen verschlossen ohne deine Lippen,
Es wird mir gesagt: Öffne nicht den Mund ohne deine Lippen! [94]

Kann sich die Bindung in Trennung verwandeln, ohne dass sich zwischen ihnen unzählige Übergänge eingeschoben hätten? Übergänge. Sie scheinen das am Leben zu sein, was unmerklich den Lebensfluss erzeugt. Auf diese Übergänge, auf diesen Fluss, diese Melodie zu hören muss man lernen, denn sie erklingt und erzählt unsere Geschichte, unseren Schmerz:

Höre die Bambusflöte, wie sie erzählt,
Über Trennung klagt, die sie quält:
Von meinem Bambusfeld trennt' mich ein Schnitt,
Bei meinem Klang weinen die Menschen mit.
Ich sehn mich nach einem getrennten Herzen,
Um ihm zu enthüllen der Trennung Schmerzen:
Getrennt vom Ursprung, ein jeder spürt
Die Sehnsucht nach Einheit, die ihn berührt. [95]

Mit diesen Worten lässt Rumi sein Werk *Mathnawi* beginnen. Das erste Wort, »Höre« bezieht sich auf den Koran, auf das erste Wort des Korans, das erste offenbarte Wort, das der Prophet empfing: »Trag vor«[96]. Damit eröffnet Rumi eine Zwiesprache mit dem Koran. Sein Werk fließt über von biblisch-koranischen Inhalten, von Anspielungen, Erzählungen und Deutungen, von Anfragen und Anklagen. Rumi war korantrunken. Und der Koran blieb der Fluchtpunkt seines Lebens, seines Werkes. Denn im Koran entdeckte er eine poetische Sinnlichkeit, die für sein Dichten tragend wurde. Keine Botschaft war wörtlich zu fassen, kein Gedanke lag einfach nur da, geistlos: Vielmehr fand er im Koran mehrere Sinnebenen, Vieldeutigkeiten, eingefangen in einem Spiel der Entdeckung und Verbergung:

Der Koran ist ein Brokat mit zwei Seiten. Einige Menschen erfreuen sich an der einen Seite, andere an der anderen Seite. Beide Seiten sind wahr und richtig, denn der erhabene Gott will, dass beide Gruppen daraus Nutzen ziehen. Ähnlich verhält es sich mit einer Frau, die sowohl eine Ehefrau als auch die Mutter eines Säuglings ist. Jede dieser Rollen wird auf unterschiedliche Weise geschätzt. Das Kind findet Vergnügen an der Milch ihrer Brust, während der Ehemann Freude in inniger Paarung findet. Manche Menschen sind wie Kinder auf dem Weg und trinken noch Milch, sie erfreuen sich am äußeren Sinn des Korans. Doch die wahren Menschen[97], die sich weiterentwickelt haben, kennen eine andere Art von Genuss und ein tieferes Verständnis für die inneren Bedeutungen des Korans. ❞[98]

Rumi war mit der Dichtkunst vertraut, mit den arabischen und persischen Dichtungen, mit den klassischen Epen, mit Firdausi, Nezâmi, Mutanabbi, Attâr und vielen anderen. Zu eigner Dichtung kommt er aber erst, nachdem Schams ad-Din ihm begegnet und ihn verlässt. Und seine Sprache wird Persisch sein, seine Muttersprache, seine Herzenssprache. Schams blieb in seinem Geist, in seinem Herzen.

Als ich anfing zu dichten, war es ein mächtiger Drang, der mich dazu führte, zu dichten. ❞[99]

Waren es seine Worte, oder wurde er ganz zum Gefäß der Sprache der Liebe?

Schweig still, hör: Der Herr, der Sprache schenkt, spricht!
Der Schöpfer, der Tür und Schloss und Schlüssel errichť. ❡[100]

> Er erkannte, dass die Liebe ihn gänzlich veränderte. Der Ausdruck seiner Liebe, der innere Ruf, nichts in ihm war mehr in einer schlichten, nüchternen Rede formbar. Nichts konnte er prosaisch benennen, was ihn poetisch anrührte. Schrieb er Gedichte, oder flossen die Tränen auf das Papier?

Ich sprach von des Herzens Zustand, wie ich ihn kannte,
Wellen von Tränen und Blut brachen hervor, nicht abzuwehren.
Von Versprechen gebrochen und leer war die Schilderung,
Der Kelch des Denkens wurde dünn, ich zerbrach wie Glas, gesprungen.
Wie Holzbretter zersplitterten die Schiffe im wilden Sturm,
Was kann mein eigenes Boot, ohne Hände und Füße, erreichen?
Das Schiff brach durch die Welle, nichts Gutes, nichts Schlechtes blieb,
Ich blieb allein und band mich an ein Floß, das trieb.
Weder oben noch unten, doch diese niederen Worte kamen,
Mal auf dem Wogenkamm, mal in der Tiefe der Fluten.
Was weiß ich? Ich bin nicht, doch das weiß ich,
Wenn ich bin, bin ich nicht, o Seele, doch wenn ich nicht bin, bin ich. ❡[101]

Es ging Rumi nicht vor allem um Dichtkunst, nicht um Dichtersein. Ihm ist auch bewusst, dass im Koran die Dichter harsch kritisiert sind, weil ihnen vorgeworfen wird, zu sagen, was sie nicht praktizieren:

Und die Dichter,
denen folgen die Irrenden.
Hast du nicht gesehen,
wie sie umherirren in jedem Tal
und wie sie reden, was sie nicht tun? [102]

Es ist die Fiktionalität der Poesie, die spätestens seit Aristoteles der Poesie den Wahrheitscharakter abspricht. Im Sinne dieser koranischen Dichterkritik schreibt Rumi:

Ich habe viele Wissenschaften studiert und mir viel Mühe damit gemacht, um den Gelehrten und Forschern, den Klugen und den Wahrheitskennern, die zu mir kommen, präzise, seltene und kostbare Dinge anzubieten. Gott der Erhabene selbst hat das gewollt, denn Er hat all diese Wissenschaften gesammelt und diese Mühen hierhergebracht, sodass ich mit diesem Werk beschäftigt werde. Was soll ich machen? In meinem eigenen Land und unter meinen Leuten gibt es keine schändlichere Beschäftigung als Dichtung. Wäre ich in meinem eigenen Land geblieben, so hätte ich entsprechend ihrer Natur gelebt und eben das praktiziert, was sie wünschten, wie Vorlesungen halten und Bücher schreiben, Predigen und Ermahnen, Askese üben und all diese äußeren Dinge! [103]

Warum hat er dann sein Leben in Poesie vergossen? Direkt, gerade heraus zu sprechen war seine Absicht, aber hier musste seine Sprachkraft stillstehen, denn die Botschaft in ihm ließ sich nicht informativ, eindeutig, zielgerichtet zusammenfügen. Ein Dichter zu sein hieß für Rumi, nicht durch den Schmerz der Liebe zu explodieren, sondern in diesen Schmerz hinein zu implodieren, in sich zusammenzufallen, gedichtet zu sein. Aus ihm flossen die Worte heraus, nicht, als würde er über sie verfügen. Seine Poesie musste diese Implosion aushalten und ihr Ausdruck verleihen. Er gab ihr eine eigene Gestalt, die sich über 60.000 Verse erstreckte. Es sind daher nicht einfach gesagte Worte eines verrückten Liebenden, eines Verletzten und Schmerzerfüllten. Es sind Liebesgedichte, Zweizeiler, Vierzeiler, eben alle möglichen Formen poetischer Sprache, die einem differenzierten und komplexen Regelwerk folgen, die aber sprachlich keine vordergründige Funktion kennen. Rumis Beziehung zur Sprache ist dabei von größter Bedeutung, denn darin zeigt sich der Grund, warum er überhaupt zur Poesie fand. Er fasst die Sprache nicht direkt auf, er gebraucht sie nicht als bloße Information, als Vehikel der Mitteilung, sondern als Ausdruck einer indirekten Beziehung zur Welt, zu seinem Innern, seiner Liebe.

مداد

Ich spreche Worte auf die Haut, ihre Seele ist verborgen dort.
Im Geist nicht fassbar, unaussprechbar im Wort.
Sei still wie ein Weiser, schweigend, betört und wirr!
Ist er nicht betört, warum dann aufstehen und fallen hier? ❡[104]

Rumis Poesie hat eine sinnliche Beziehung zur Sprache aus einer unmittelbaren Empfindung herausgebildet. Dabei sind ihm poetische Stilmittel der klassischen arabischen und persischen Dichtung bestens vertraut, ob Bilder, Metaphern, Symbole, Gleichnisse, Allegorien, Metonymien, Hyperbeln etc., alle diese Stilausdrücke sind in seinen Gedichten enthalten. Seine Poesie ist individuell, intim, aber zeitlos genug, um den Reiz der eigenen Empfindsamkeit vermitteln zu können.

Vor seiner Liebe vergeh ich, wie der Mond schwindet.
Ich dreh mich, wie das Gewölbe des Himmels sich windet.
Und doch wird dieses Gedicht nach hunderten Jahren
Wie Josefs Schönheit im Frühlingslicht sich offenbaren.
Denn das Herz verwest niemals und geht nicht zugrunde.
Das hab ich von Herzen gesprochen, nicht bloß mit dem Munde. ❡[105]

Tag und Nacht und in den unendlichen Übergängen dazwischen wird Rumis Herz um Worte ringen. Hier stand er. Hier fiel er. Und hier sah er Schams aufblühen, wie eine Blume aus den Worten heraus. Denn in der Poesie war alles Unsagbare in seiner Unsagbarkeit sagbar. Nicht in einem großen Epos versuchte Rumi seine schmerzliche Liebe, sein Du, seine entblätterte Heimat einzufangen; er gab sich der Poesie hin. Vielleicht wuchs in einer dieser Zeilen das Gefühl, das ihm Stille schenkte. Jetzt, da die Stille auf ihm ruhte, musste er sie brechen, manchmal in den Schrei hineinsteigern, manchmal ins Lautlose zurücknehmen. So entstanden Worte über Worte, Verse über Verse und Gedichte über Gedichte. Ich blättere die Seiten in seinem *Diwan,* ich weiß nicht in welcher Richtung. Mein Blick ist ruhelos. Alles Geschriebene fordert eine eigene Gegenwart, eine eigene Geltung, die sich aber auch rasch zurücknimmt, ins andere führt. Kein Vers bleibt leise. Die Stimme findet langsam zum Wort und erhebt es ins Hörbare. Ein Wort greift zum anderen, und selbst die Leerstelle zwischen den Worten wird hörbar. Wenn ich Rumi laut lese, klingt der erzeugte Resonanzraum nicht selten schwungvoll, bringt alles Starre, die Buchstaben, Worte, Sätze, in einen Fluss, der weiterfließt, und nichts bleibt bestehen. Worte nehmen in der Poesie ihre wahre Gestalt an, bloß die Oberfläche zu sein, die Haut, die alles umhüllt, aber selbst weichen muss.

Was ist die Haut? Ein Farbenbogen der Worte,
Wie ein Schwert, das mühelos ins Wasser taucht.
Dieses Wort gleicht der Haut, der Kern ist der Sinn,
Dieses Wort gleicht dem Bild, der Sinn ist die Seele.

Die Haut verbirgt die Makel des schlechten Kerns,
Sie verbirgt die Geheimnisse des guten Kerns
aus Eifersucht.
Ist eine Feder aus Wind, das Papier aus Wasser,
Was auch immer du schreibst, wird eilend vergehen.
Schriebst du auf Wasser, suchtest Beständigkeit hier,
Kehrtest zurück und würdest dir auf die Faust beißen. [106]

Rumi scheint im Sog der Vergänglichkeit von einer Wirklichkeit berührt zu sein, die ihn nicht mehr losließ. Was hat sich ihm gezeigt, was hat sich ihm offenbart? Wird man es Leben nennen? Oder greift es zu kurz? Was kann aber das Leben noch übertreffen? Seine Poesie ist Sprache, die auf eines hinweist: den Geliebten.

Der Mensch ist Blick, der Rest ist Haut,
Der Blick ist es, der den Geliebten schaut. [107]

یا حضرت مولانا

7

Von der Ruhe zur Bewegung: DER TANZ

Die Liebe widerfuhr Rumi nicht nur in einer Gestalt. Zum einen fand er Ruhe im Herzen, wenn er des Geliebten gedachte, so wie es im Koran heißt: »Im Gedenken Gottes ruhen die Herzen.«[108] Zum anderen suchte und klagte er, sang und verzweifelte, verlor die Kontrolle, fand wieder zu sich. Rumi fühlte den Schmerz der Trennung und schrieb die schönsten Gedichte. Und dann war er bewegt, bewegt von einem Drang in sich, der ihn nicht mehr ruhen ließ. Hört man allein auf das Versmaß seiner Dichtung, so ist es spürbar, dass seine Gedichte selbst Klang, Melodie, Musik, Rhythmus und Schwung besaßen:

Mufta'ilun mufâ'ilun mufta'ilun mufâ'ilun.

Nicht nur die Worte der Dichtung fingen an, sich zu bewegen, sich um den Geliebten zu drehen, sondern alles am Dichter war bewegt. Der Sinn ging ins Sinnliche über. Rumi war nicht vermessen, sich ins Verborgene zu erheben. Er blieb auf der Erde, aber er ließ seine Erde nicht ruhen, indem er den Staub am Boden aufwirbelte mit einem inneren Sturm, der ins Äußere drang. Das brauchte keine Zeit, sondern Ewigkeit. Denn gerade die Zeit musste überwunden werden, nicht endgültig, nicht mit einem Schnitt, sondern mit endlosen Bewegungskreisen, mit Drehungen.

Wie ein Staubkorn im Tanz wir drehen uns und neigen,
Die Sonne wird sich dir dann gehorsam erzeigen.
An jedem Liebesmorgen, von Osten entfacht,
Erheben wir uns, wie die Sonne voll Pracht.
Wir leuchten weit über Erde und Meer,
Sind selbst weder trocken noch von Wasser schwer.
Wir hörten die Moscheen, wie sie klagen:
O Licht, scheine, damit wir goldleuchtend tagen. ❞[109]

Der Tanz wurde zum Ausdruck einer leiblichen Erfahrung, die sich gerade durch ihre Leiblichkeit, Zerbrechlichkeit, aber auch durch ihre Präsenz wie ein Warten anfühlte. Nicht das übliche Warten, die schweigsame Ausdauer, das rein geistige Ausharren, sondern ein performatives Warten, eine sich immer wiederholende Geste des Willkommens. Hier war die Ankunft des Geliebten in Sicht, hier war der Geliebte nahe. Wie konnte Rumi dann auf seinem Platz bleiben, sich in Stille üben? Jede Drehung, jeder verstohlene Blick wollte sagen: »Ich bin hier, du bist hier!« Doch der Blick konnte nicht auf eine Richtung, auf eine Tür fixiert sein, er musste alle Richtungen, alle Seiten erfassen, sich drehen und den Geliebten umkreisen, als wäre er da, als würde er die Mitte bilden, die in Wahrheit leer blieb. Ist nicht das Herz die wahre Kaaba?

Umkreise die Kaaba des Herzens, so du hast ein Herz,
Denkst du an die Erde, wenn die Kaaba begehrt dein Herz?
Umkreist du die Kaaba, dreht sich um die Hülle der Wahrheit dein Herz.

Und dadurch hoffst du, dass du es findest: dein Herz.
Tausendmal umrundest du die Kaaba zu Fuß, dein Herz
Wird keinen Lohn finden, verwundest du ein Herz.
Gib dein Königreich, deinen Besitz, und erlange ein Herz,
Und im düsteren Grab wird dir leuchten ein Herz.
(...)
Der Schau des Göttlichen gleicht ein zerbrochenes Herz.
O glückliche Seele, die solches Bauwerk erschafft: ein Herz. [110]

Und die Drehungen konnten nicht umhin, als bei diesem Blick zu bleiben. War nicht der Mensch letztlich allein das Auge, das den Geliebten anblickte? Das Augenweiß umringt die Pupille. Schaut man ins Auge eines Menschen, so erscheint es wie eine endlose Drehung des Weißen um eine dunkle Mitte. Alles dreht sich in diesem Auge selbst.

Zunächst ist das Auge wie geschlossen, es trägt einen schwarzen Mantel, dann öffnet es sich, kreist ins Offene und Weite, nach innen und nach außen geöffnet, empfängt Licht, weitet sich über sich hinaus.

Öffne die Augen voll Güte, blick mir ins Gesicht,
Erblick in den Menschen: die Wahrheit, ihr Licht [111]

Das bedeutsame mystische Element im Leben und Werk Rumis besteht darin, dass bei ihm der übliche Unterschied zwischen Innen und Außen, diese unversöhnte Dualität ausgelöscht war. Nichts war in seinem Auge profan, nichts bloß heilig. Die Melodie, der Klang der Musik, der Rhythmus, der Drang zum Umkreisen und zur

Drehung kamen nicht nur aus ihm. Rumi war ein Hörer der Welt: Nichts ruhte still in der Natur. Alles war Klang.

Da du mich zum Wehklagen brachtest wie eine Flöte,
Spiel meine Harfe fein und lass sie erklingen!
Da du auf mich schlägst wie auf ein Tamburin,
So erhebe deine Stimme, denn du hast eine schöne Stimme!
Da ich dir mein Gesicht hingab wie ein Tamburin,
Schlage das Tamburin und verzaubere mein Antlitz!
Aus Tamburin und Handfläche entsteht ein Lied,
Sind sie nicht in Harmonie, trenne sie voneinander!
O du, mein Genosse, Tag und Nacht,
Gib uns einen Kuss, der uns gebührt.
Du bist, o Flöte, süßer Dank für den Zauber jener Lippen,
Mache aus deinen Lippen ein Zuckerrohr und streue Süße.
Dieser Klang, den du hast, ist kein Zucker,
Doch du hast den Klang des Süßen, lass ihn erklingen!
Sei still über die Erwähnung der Einheit des Einen,
Denn die Flöte sagt nicht, dass der Eine zwei ist. ❡[112]

Hatte nicht der Ewige die Welt mit dem Klang seines Wortes erschaffen: »Sei!«[113]? Hatte nicht der Ewige von seinem eigenen Atem den Menschen eingehaucht, damit sie leben, an diesem Klang teilhaben?[114] Was ist der Mensch ohne den Atem Gottes? Einer Bambusflöte ohne Klang gleicht der Mensch, solange er nicht vom Barmherzigen zum Erklingen gebracht wird, solange nicht die Lippen des Geliebten ihn berühren. Was soll ich tun, ich

Mensch? »Höre!«, sagt Rumi wiederholt: »Höre!» Und ist nicht der Ewige selbst der Hörende *(as-Sami)* seiner Schöpfung, der alles hört, weil jeder Klang ein Widerhall seines eigenen unermesslichen Klanges ist?

Wie ein Bekenntnis erwachte in mir die Lehre vom Klang.
Ihr Glaubender bin ich, Bekenntnis und Glaub' ich verlang. [115]

Den besonders schönen und reizvollen Klang der Worte im Koran, die allein in der anmutigen Rezitation verdichtet ihre Melodie entfalten, dürfte Rumi im Ohr gehabt haben. Hier klang das Göttliche so unmittelbar, so intensiv, dass er diese Resonanzdichte überall zu entdecken suchte. Und er wurde fündig: im Rauschen des Meeres, im Zug des Windes, im zischenden Klang des Regens. Von allem erklang die Melodie der Liebe, die Stimme des Geliebten.

Hier werden seine Worte machtlos und mussten zurückweichen vor dem Klang, in den sich das bloße Wort verwandelte.

Ich habe zwei Münder gleich einer Flöte,
der eine Mund ist verborgen durch seine Lippen. [116]

Im Tanz drang der Geliebte in sein Herz und brachte alles ins Wanken.

Wenn dein Gedanke in mein Herz sich tanzt,
Welch andere Gedanken mögen betrunken eintreten!
Um diesen Gedanken werden alle sich drehen,

Und dieser Gedanke, gleich dem Mond, wird in der Mitte weilen.
Jeder Gedanke, der dich in dem Moment verwundet,
Wird wie ein Spiegel vom Sonnenlicht erhellt.
Meine Worte werden berauscht von ihrem Klang,
Sie dringen von meiner Zunge in mein Herz und von meinem Herzen in meine Zunge.
Meine Worte sind berauscht, mein Herz ist berauscht und meine Gedanken an dich sind berauscht,
Verflochten sind sie alle, beunruhigt und besorgt.
Alle werden sich gegenseitig den Mund verschließen,
Diese Gedanken werden klagen vor Schmerz über ihr Schicksal. ❟[117]

Wenn Rumi nicht nur Schams, sondern mit Schams alles in Liebe verwandelte, konnte er nicht umhin, auf alles zu hören. Die Aufgabe, die sich ihm darin stellte, benötigte einen unendlichen Feinsinn: hören lernen, lauschen.

Der Klang einer Bambusflöte, aus ihrem Hohlraum heraus, erzählt vom Menschen selbst und gehörte für Rumi zur Vorzeit, zur Urzeit. Wir sind gerührt von ihrem Klang, weil er an einen Bund zwischen Gott und den Menschen erinnert, den Gott vor aller Zeit eingegangen ist:

Und als dein Herr nahm aus den Kindern Adams, aus ihren Lenden,
ihre Nachkommen und sie gegen sich selbst zeugen ließ:
»Bin Ich nicht euer Herr?«,
sagten sie: »Ja, wir bezeugen es.« ❟[118]

Der Klang der Flöte, der Klang der Harfe, der Klang der Welt, die bewegt und bewegend ist, weisen über die Welt hinaus.

Ich bin wie eine Harfe, weiß nichts von meiner Melodie.
Ich erzähle Geheimnisse und kenne keine Geheimnisse. ¶[119]

Der Tanz ist also in Wahrheit ein Hörgeschehen, eine Hinwendung zum Klang Gottes in der Natur. Hörte Rumi auf die Klagen der Nachtigallen, hörte er auf das rhythmische Hämmern des Goldschmieds auf dem Marktplatz von Konya, das sich wie *Lâ – ilâha – illâ ʾllâh* (Kein Gott außer Gott) anhörte? Streckte er dann die Arme aus, verzückt von dem Klang, um sich im Kreis zu drehen? Der mystische Tanz der Derwische, der auf ihn zurückgeht, heißt Lauschen, Zuhören *(samâʿ)*.

Komm, komm, denn du bist die Seele, die Seele, die Seele des Samâʿ!
Komm, denn du bist die fließende Zypresse im Garten des Samâʿ!
Komm, denn ohne dich war und wird nichts sein!
Komm, denn deinesgleichen sah kein Sehender des Samâʿ!
Komm, denn der Quell der Sonne liegt unter deinem Schatten!
Du trägst tausend Sterne über dem Himmel des Samâʿ.
Der Samâʿ spricht in Dankbarkeit in hundert schönen Sprachen,
Ich werde dir ein oder zwei Punkte erzählen aus der Sprache des Samâʿ.

Trittst du in den Samâʿ hinein, hast du die beiden Welten verlassen.
Denn jenseits von den beiden Welten ist der Samāʿ.
Obwohl das Dach hoch ist, das Dach des siebten Himmels,
Ist die Leiter des Samâʿ über dieses Dach hinausgegangen.
Tritt alles unter deine Füße außer ihm!
Der Samâʿ ist von dir und du bist von ihm.
Wenn die Liebe ihre Hand um meinen Hals legt, was soll ich tun?
Ich lege mich wie eine Weintraube neben sie in den Samâʿ.
Wenn das Korn mit dem Strahl der Sonne gefüllt ist,
Tanzen alle, alle ohne Klagen im Samâʿ.
Komm, denn eine Liebeserscheinung ist Schams aus Täbris!
Von der Liebe seiner Lippen ist geblieben der Mund von Samâʿ. ¶[120]

Rumi wurde im Samâʿ, im Tanz selbst zu einem bewegten Kosmos – im Akt der Drehung. Umkreist nicht die Erde die Sonne, tanzen nicht die Sterne im All?

Weißt du? Die Nachtigall ist von der Reise zurückgekehrt.
Sie kam zum Samâʿ und ward als Meister aller Vögel geehrt! ¶[121]

Wenn Pilgernde als höchste religiöse Praxis die Kaaba aufsuchen, das »Haus Gottes«, und sich die Gegenwart Gottes vergegenwärtigen, dann geschieht etwas Sonderbares. Sie erkennen, dass der Weg zu Gott nicht linear verfasst ist. Wenn sie den ersehnten Ort erreicht haben, kleiden sie sich in ein schlichtes weißes Tuch und umkreisen die Kaaba. Sie umkreisen sie immerfort, die Drehungen werden immer konzentrischer, führen sie immer näher zum Zentrum, aber in dieser Nähe zeigt sich gleichzeitig die Weite, das Unerreichbare, Undurchdringbare. Sie bleiben Umkreisende, die in diesen unentwegten Drehungen gleichsam aufgehen.

O die ihr die Pilgerfahrt vollzogen habt – Wo seid ihr?
Wo seid ihr?
Der Geliebte ist hier – kommt her, kommt her!
Dein Geliebter ist Nachbar – Wand an Wand.
Verwirrt seid ihr – was ersinnt ihr, was ersinnt ihr?
Schaut hin, die Form des formlosen Geliebten!
In euch ruht der Herr, das Haus, die Kaaba! ¶[122]

Rumi tanzt. Und dieser Tanz als Umkreisen und Umdrehen avanciert zu einer Transzendenzerfahrung, führt zu einem ekstatischen Zustand *(hâl)*. Der Kopf des Tänzers ist bedeckt mit einer dunklen Mütze, der Körper in ein weißes Gewand gehüllt. Wie ein Himmelsgewölbe gewoben symbolisiert die Mütze den Grabstein. Das weiße Gewand hat ebenso Symbolkraft: Es erinnert an das weiße Leichentuch, mit dem Muslim:innen begraben werden. Aber es erinnert auch an den Frieden, an die Auferstehung des Leibes, an die Gleichheit aller, die auf Pilgerreise sind. Leben, Sterben, Erwachen: Die Dynamik der Lebensgrenzen und Lebensüberschreitungen ist symbolisiert. Doch am

Anfang tragen die Umkreisenden einen schwarzen Mantel über ihrem Gewand, den sie erst nach einigen Drehungen ablegen als Symbol des dunklen Erdenlebens. Die Drehung des Tanzes vollzieht sich um die eigene Körperachse mit ausgebreiteten Armen, die eine Hand zeigt nach oben und die andere Hand nach unten. Wohin zeigen diese Hände? Und wohin dreht sich dieser Körper? Ihr Tanz ist eine Art von Verzicht auf das Leben mitten im Leben, nicht inmitten des Lebens überhaupt, sondern eines Lebens, das nicht mehr eingekerkert sein wollte, nicht mehr eingebettet sein konnte in einen einzigen Zustand. Der Tanz, die Drehung, das Umkreisen, der Fingerzeig gen Himmel, der Hinweis auf die Erde, der Klang der Bambusflöte, der Rhythmus der Bewegungen, der Staub, der aufgewirbelt wurde: Alles machte das Leben zu einem Fluss der Liebe, zu einem Flug des Liebenden. Alles war Tanz, der Tanz war Lob des Ewigen:

Ihn preisen die Himmel, die sieben, und die Erde und wer in ihnen.
Und es gibt nichts, was Ihn nicht lobpreist. ❠[123]

Rumi sieht in diesem Lob den Tanz der Welten:

Gekommen ist der Frühling der Seelen, o grüner Zweig, tanze!
Wie Josef einst nach Ägypten kam, Jubel und Dank, tanze!
O du, der du betrunken vom Sein geworden, unberührt vom Vergehen,
Die Kunde des Vergehens ist eingetroffen, für die Reise, tanze!
In meiner Hand der Becher Wein, mein Geliebter kam zu Fuß,
Bist du nicht von Materie: mit dem tapferen König tanze.
Der Krieg ist vorbei, die Harfenmelodie erklingt,
Josef ist aus dem Brunnen gekommen, o Unbegabter, tanze!
Wie lange noch der heilige Bund? Soll sich dieser Kopf niederwerfen?
Wenn Trennung mich fortgerissen, Klang und Spur verweht, tanze!

Wann kommt der Moment, dass jemand zu mir spricht:
»O Unwissender, geh zugrunde! O Wissender, tanze!«
Unser Pfau tritt auf, die Farben entfalten sich,
Er singt mit der Seele des Vogels: ohne Flügel, ohne Feder, tanze!
Wer blind und gehörlos in der Welt, erblickt im Messias Heilung.
Messias, Sohn der Maria, spricht: »O Blinder, o Gehörloser, tanze!«
Der Herrscher: Schams ad Din, Täbris ist Chinas Neid,
In der Schönheit seines Frühlings, seiner Zweige und Bäume, tanze! [124]

Alles war Tanz, denn selbst der Engel »Gabriel tanzt in der Liebe zur Schönheit Gottes«[125]. Nichts stand still. Nichts stand. Nichts.

Höre den Seelenklang, aus dem Nichtsein erwacht,
Wenn das Nichtsein das Nichts im Klang entfacht! [126]

8

Von der Erde zur Luft: DER FLUG

Rumi poetisiert das Leben. Alles wird zum Leben erweckt, alles wird hörbar. Rumi bleibt nicht unberührt von den Klängen der Dinge. Er hört darin einen Ruf, den Ruf der Liebe, des Liebenden, des Geliebten. Der Ruf bewegt ihn. Mit seinem Tanz, mit jeder Drehung wird er leichter, dass er wie ein Nachtfalter um eine Kerze, wie ein Pilgernder um die Kaaba, um den Geliebten kreist. So wie ein Nachtfalter kann sich auch der Liebende nicht zurückhalten zu verbrennen. Der Sog der Liebe überschreitet den Schmerz, die Schwere, die uns von der Umkreisung um unsere Kerze zurückhält.

Am Ende führt alles zu den drei Worten:
ich verbrannte, ich verbrannte, ich verbrannte. [127]

Oder führte ihn umgekehrt der Schmerz der Liebe dazu, sich von der Erde zur Luft zu erheben?

Mein Herz erhebt die Flügel, wenn der Schmerz um dich es zum Fliegen bringt.
Bei Gott, befiehl, dass es für immer so fortdauert! [128]

Jeder Schwung, jedes Wirbeln, jede Umkreisung nimmt ihm die Schwere hinweg, das Irdische, das Dunkle, das Vergängliche.

Mein Herzvogel erhob erneut sein Gefieder,
Die Papageienseele genoss Süßes wieder.
Mein Kamel hat, berauscht und verrückt,
Die Fesseln meines Verstands zerpflückt.
Ein Schluck jenes Weins, ich bereue es nicht,
Floss über mein Haupt und mein Gesicht. ❜[129]

Rumi wird daran erinnern, dass auch die Sonne und der Mond fliegen, obwohl sie keine Flügel haben.[130] Seine Füße berührten immer weniger die Erde, als würden sie Schritt für Schritt, Drehung für Drehung, Abschied nehmen, wie der Staub, ruhelos, in die Höhe steigen. War er nicht immer ein Reisender, ein Suchender, ein Fragender? War er nicht immer ein Umkreisender, der sein Herz in der Liebe verloren hatte? Und nun? Loslassen? Rumi sehnte sich nach Schams und sagte:

Hände und Füße, Flügel und Federn des Herzens:
allesamt hoffen.
Was wird die Liebe damit tun? Wofür außer Güte ist
Liebe denn offen? ❜[131]

Und dann dürfte er von der Ankunft seines Geliebten Schams aus Damaskus zurück nach Konya erfahren haben, als er diese Zeilen sang:

Es ist an der Zeit, dass ich trinke,
damit der Geist in mir erwacht.
Es ist an der Zeit, dass ich fliege,
denn angekommen sind meine »Flügel und Federn«
voll Pracht. ❜[132]

Rumi wusste um seine Liebe. Er kannte den Weg. Aber er musste sich diesem Weg stellen, mit dem ganzen Schmerz, der zu ihm gehörte. Der Weg nahm seinen Anfang in ihm, und dieser Anfang war nie überschritten. Er blieb der Anfänger, der Bedürftige. War dieser Anfang alles? Als würde er sanft die Lippen des Geliebten berühren, ein Kuss nur, ein Augenblick. Wer den Anfang überwinden will, muss sich selbst überwinden, dachte er.

Du schaust auf dich nur einen Atemzug und dich sticht der Geliebte wie ein Dorn.
Und schaust du nicht auf dich – was nützt da der Geliebte schon?
Du schaust auf dich nur einen Atemzug und jagst eine winzige Mücke.
Du wirst dich los nur einen Atemzug und haust Elefanten in Stücke.
Du schaust auf dich nur einen Atemzug, und zur Wolke ballen sich die Sorgen.
Du wirst dich los nur einen Atemzug, und das Mondlicht ist nicht mehr verborgen.
Du schaust auf dich nur einen Atemzug und siehst den, den du liebst, entschwinden.
Du wirst dich los nur einen Atemzug und wirst den Becher des Geliebten finden.
Du schaust auf dich nur einen Atemzug und fühlst, wie kühl der Herbst einzieht.
Du wirst dich los nur einen Atemzug und siehst mitten im Winter: Alles blüht. [133]

Der Koran[134] deutet an, dass der Mensch schwach erschaffen ist. Um diese Schwäche rang Rumi, um den Menschen, der immerfort scheitert, aber erneut Mut fasst, um den Weg zum Geliebten zu suchen. Nicht rückwärts gerichtete Reue, sondern eine nach vorn gerichtete Umkehr: So lässt sich seine Haltung genauer erfassen. Es ging um Umkehr, um eine Kehre der gebrochenen Herzen, der verletzten Seelen, der Hoffnungslosen, der Klagenden und Hadernden, die ihm zeigte, dass kein Weg ausgeschlossen war.

توبه

Unterwegsein – in sich. Oder gab es kein Außen, kein Innen? Der Mensch – ein Liebender, ein Geheimnis Gottes?

Wer nach außen schaut, sieht allein das Menschengesicht,
Wundersam, ob West oder Osten aus ihnen spricht.
Er sprach: »In dir selbst liegt, was Heimkehr verspricht.
Schau nach innen: Nichts außer dem Menschen in Sicht!« [135]

Wohin führt das Menschsein? Wohin der Weg des Lebens? Wohin die Liebe? Bei aller Verletzlichkeit und Zerbrechlichkeit sieht Rumi im Menschen einen Reisenden, der jede Schranke, jede Grenze überwinden kann, um in Berührung mit seiner Wahrheit zu kommen. Worin aber besteht diese Wahrheit? Sie scheint in der Liebe berührbar zu sein, einer Liebe, die den Menschen schwerelos macht und ihn erkennen lässt: »Du bist mit Flügeln geboren«, um eine viel zitierte Zeile in Erinnerung zu rufen, die Rumi zugeschrieben wird.

Liebe ist, empor zum Himmel zu fliegen,
Hundert Schleier bei jedem Atemzug zu durchtrennen.
Zuerst einen Atemzug nach dem andern zu schöpfen,
Zuerst einen Schritt nach dem andern zu gehen.
Diese Welt zu übersehen,
Den Blick auf das eigene Selbst zu richten.
Ich sprach: Mein Herz, sei gesegnet,
In den Kreis der Liebenden einzutreten!
Jenseits des Blicks zu schauen,
In den Gassen der Herzen zu eilen.
O Herz, woher kommt dieser Augenblick?
O Herz, woher kommt dieser Schlag?
O Vogel, sprich die Sprache der Vögel,
Ich kenne das Geheimnis, dich zu hören![136]

Das Motiv des Fliegens ist innerhalb der islamischen Mystik auch vor und nach Rumi omnipräsent. Der muslimische Mystiker und Philosoph Schihâb ad-Din Suhrawardi (gest. 1191) stellt in seinem allegorischen Traktat »Der rote Intellekt«[137] den Menschen als einen Falken dar, der in Ketten gelegt ist. Auch Rumi betrachtet ein gelingendes Leben als einen Akt der Freiheit: »Öffne meine Flügel weit«![138], wird er rufen. Das Leben begreift Rumi als einen subtilen Akt der Entbindung, der Entfesslung von allem, was uns auf unserem Weg der Liebe, dem Weg der Schwerlosigkeit hindert.

**An diesem Ort fanden die Herzen Flügel und Federn.
Der Geist hat hier ihren Atem ergriffen. ❡**[139]

In den langen Jahren, die vergingen, vollzog sich bei ihm eine tiefe Einsicht in die menschliche Natur: Sie war nicht auf eine Eigenschaft engzuführen. Der Mensch konnte zur Liebe finden, und sie würde der Flügel sein, der ihn trägt. Für Rumi war die Himmelreise des Propheten in ihrer ganzen Symbolkraft gegenwärtig, wie sie im Koran angedeutet wird.[140] Der Prophet sollte auf einem himmlischen Reittier mit Flügeln, *al-burâq*, auf einer Nachtreise zum Himmel emporgestiegen sein. Der Prophet als Reisender – darin erblickte Rumi ein Vorbild, einen Prototyp des hingebenden Menschen, der die Nähe des Geliebten sucht. Menschen werden nicht mit sichtbaren Flügeln geboren wie Vögel. »Der Vogel fliegt mit seinen Flügeln, der Gläubige aber fliegt mit seinem hohem Streben.«[141] Es sind die »Flügel der Demut«[142], Flügel der Sehnsucht, die der Mensch als »ein Vogel ohne Flügel«[143] und doch als einer, der »Flügel und Federn wie ein Vogel hat«[144], mit sich trägt.

**Die Vögel fliegen mit ihren Federn und Flügeln.
Ohne Federn und Flügel flog ich mit meinen Federn und Flügeln. ❡**[145]

Die Liebe hatte offenbart, wie Rumi den Weg der Liebe durch das Leben gehen lernte. Es ging nicht um einen

Gang, sondern um einen Flug. Der eigentliche Reiz bei Rumi besteht darin, dass bei ihm nichts auf etwas bloß Symbolisches reduziert werden kann –wenn seine Worte um »Flug«, »Flügel« und »Federn« kreisen, dreht er sich. Links herum um das Zentrum seines Herzens. »Ohne Flügel fliege ich in deiner Nähe.«[146] Der Ernst in seinem Wort war sichtbar in seinem Leben. In jeden kleinen Teil seines Körpers war der Schmerz, die Liebeswunde eingeschrieben, wenn er sagt: »Oh, dein Duft ist in meinem Seufzen, und dein Seufzen begleitet mich«[147], ohne dass er ein bitterer Mensch geworden wäre. Im Gegenteil. Es war Schönheit, die er dabei verspürte, als hörte er die Worte des Propheten Muhammad, der einmal sagte: »Gott hat allen Dingen die Schönheit eingeschrieben.«[148] In keiner Weise wollte Rumi seinen Zustand heilen.

Deine Wunde werd ich nicht mit Heilmittel versorgen,
Kein einziges Haar von dir den beiden Welten borgen. ❟[149]

Es war, als stiege in ihm der Flug auf, aus den Tiefen seiner Existenz, um ihn zu verwandeln, damit er endlich sein eigentliches Element finde: die Luft.

Als Adams Aug' das reine Licht erblickte,
Offenbarten sich Seele und der Namen Geheimnis sogleich.
Als die Engel der göttlichen Lichter ihn erreichten,
Sie neigten sich nieder und eilten, um ihm zu dienen.
Sosehr ich Adam, dessen Namen ich nenne,
Preise, kann ich seine Vorzüge bis zum Jüngsten Tag nicht nennen. ❟[150]

Der fliegende Mensch ist niemals zu Ende erzählt. Denn Rumi gesteht, dass der Flug des Menschen ins Unendliche führt und ihn unendlich weitet und öffnet.

Oh, du bist die Abschrift der göttlichen Geheimnisse, Und du bist der Spiegel der königlichen Schönheit. ❡[151]

Wer die Welt mit seinen Augen sieht, den Klang der Welt mit seinen Ohren hört, die Welt überhaupt mit seinem Herzen erlebt, bemerkt, dass für Rumi nichts mehr in seinen Wurzeln ruht. Alles hebt ab wie ein Vogel, der in die Höhe steigt. Kann es dann wundern, dass Schams als großer Reisender *Parande* (Vogel) genannt wurde?

Durch das Gedenken Gottes wird das Innere nach und nach erleuchtet, und du erreichst Loslösungen von dieser Welt. Wie ein Vogel, der zum Himmel fliegen will: Obwohl er den Himmel nicht erreicht, entfernt er sich doch von Augenblick zu Augenblick immer weiter von der Erde und fliegt höher als die anderen Vögel. ❡[152]

Alles steigt langsam hoch, steht und verliert den Stand im Fluss der Drehung, die sich durch den Wind trägt und auch diesen Wind überschreitet.

Reise aus dir selbst zu dir selbst, o Freund, solche Reise verwandelt das Staubkorn in eine Goldgrube! ❡[153]

هو الله احد

9

Vom Nichts zu Nichts:

STERBEN VOR DEM TOD

Mit den Jahren wurde Rumi erschöpft. Er wird aber selbst im hohen Alter gestehen,[154] dass er noch den stürmischen Drang der Liebe in sich spürt, wenn auch etwas sanfter. Seine Lebensreise schien ein Ende zu finden. Rumi starb am 17. Dezember 1273 in Konya. Und doch wirkt dieser Satz etwas blass, zu eindeutig für einen Meister der Mehrdeutigkeiten. Hat er uns nicht noch eine letzte Falle gestellt, ein letztes Geheimnis, das sich um seinen Tod dreht?

Am Tage des Todes, wenn mein Sarg fortgeht,
Denke nicht, dass mein Schmerz in dieser Welt besteht.
Weine nicht um mich und sag nicht: »O weh, o weh!«
Dem Dämon des Verlangens zu folgen ist zu bedauern, sieh!
Wenn du den Leichnam siehst, sag nicht: »Trennung, Trennung!«
Denn auf mich warten: die ersehnte Vereinigung und Begegnung.
Legst du mich ins Grab, sag nicht: »Abschied, Abschied!«
Denn das Grab ist ein Vorhang für die Seelen, die sich dahinter wiederfinden.
Wenn du das Versinken schaust, schau auf den Aufstieg,
Warum soll der Untergang von Sonne und Mond Verlust bedeuten?

Es scheint wie Sonnenuntergang, doch ist der Sonnenaufgang da.
Das Grab mag wie Gefängnis wirken, doch befreit es die Seele.
Welcher Samen fällt auf die Erde und wächst nicht?
Warum denkst du, dass dein Samenkorn solches verspricht?
Welcher Krug sinkt in den Brunnen und kommt nicht gefüllt zurück?
Warum sollte Josefs Seele im Brunnen klagen, vom Schicksal bedrückt?
Schließe deinen Mund auf dieser Seite und öffne ihn dort,
Denn dein Liebesruf fliegt in ortlosen Sphären fort. ❡[155]

Heute pilgern Menschen aus aller Welt zu seinem Grab. Sie stehen mit gestreckten Händen vor ihm und beten. Mit welcher Hoffnung, mit welcher Erwartung?

Oh, das Leben der Liebenden ist im Tod gewonnen:
Kein Herz wird dir gehören, wenn du dein eigenes nicht verloren. ❡[156]

Von Anfang an stellte für Rumi das Leben eine Reise dar. Es ist nicht ungewöhnlich, dass ein Forscher, der aus einem gelehrten Haus stammt, immer auf der Suche nach Erkenntnis bleibt und ruhelos sich weiterentwickelt. Doch erst, als ihm tiefe Liebe widerfuhr, begriff er, was es mit dieser Reise in Wahrheit auf sich hatte. Er erkannte: Es war eine Liebesreise. Und diese Liebe wehte nicht flüchtig durch ihn hindurch. Sie blieb und sie wucherte in ihm und nahm alles von ihm in Anspruch.

**Nun passe ich nicht mehr hinein,
Mein Haus ist von ihr überfüllt.** ❟[157]

So sehr floss er über von dieser Liebe, dass er begriff: Der Tod gehört zu dieser Reise. Im Koran entdeckte er früh den Hinweis:

Jede Seele kostet den Tod. ❟[158]

Der Tod war kostbar und eine weitere Station der Reise. Daher soll der Tod nicht verdrängt, sondern angenommen werden.

**Lebenslang hast du gelernt: zu sein,
lerne doch einmal auch: nicht zu sein.** ❟[159]

Keine Todessehnsucht, sondern eine Sehnsucht, die den Tod überdauert, hatte Rumi im Blick. Das heißt: Man muss den Tod ins Leben übersetzen. »Sterbt, bevor ihr sterbt!«, sagte der Prophet Muhammad, wie Rumi es sich immer wieder vergegenwärtigt.[160] Hat nicht die Liebe den Zauber, dem Liebenden diesen Tod zu schenken, indem sie sein Ich aufhebt für das Du des anderen, so dass er seinen Willen zurücknimmt vor dem Willen des anderen, damit er ganz leer wird, ein Gefäß der Liebe?

**Was führt zum Himmel? Nichtsein!
Nichtsein ist der Glaube und die Religion der Liebenden.** ❟[161]

Der Tod bringt also nichts zu Ende, was sich der Liebe hingegeben hat. Und der Tod wird Inbegriff einer Gegenwart, die Rumi in und aus Liebe erfuhr.

Du willst die Wirklichkeit ohne Schleier,
Dann wähle den Tod und zerreiße den Schleier,
Nicht einen Tod, der dich ins Grab führt,
Einen »Tod der Verwandlung«, der dich ins Licht führt. [162]

Was ist mit der Angst vor dem Tod, der Angst, dass dieses süße Leben einmal enden wird, dass nichts bleibt, nicht diese Hand, nicht diese Augen, dass alles vergeht?

Die Flasche wandelt sich, doch eins bleibt der Wein.
Siehe, wie froh uns berauscht dieser Wein! [163]

Wie sollte aber der Tod, das Nichtsein bedacht sein? Rumi erblickt im Tod die Möglichkeit der Entgrenzung menschlicher Existenz. Nicht ins Nichts zu verschwinden, sondern dorthin zurückzukehren, wo wir waren, bevor wir waren, vom Nichts zum Nichts, von Gott zu Gott. Daher nennt Rumi den Tod eine »Vermählung mit der Ewigkeit«.

Der Tod vermählt uns mit der Ewigkeit.
Was ist das Geheimnis? »Gott ist Einer.«[164]
Jeder Sonnenstrahl bricht sich, geht er durch Glas
Legst du Läden vor die Fenster: Keiner
Viele Samen sind in der Traube verschlossen
Doch im Saft der Traube: Keiner.
Wer in Gottes Licht lebt, der versteht,
Dass der Tod jenseits von Gut und Böse geht.
Der Tod ist ein Halt, auf dem die Seele ruht.
Sprich nicht von ihm in Böse und Gut.
Schau auf Gott, den Ewigen siehst du nicht.
Gott schenkt deinem Auge eine neue Sicht.
Es ist ein Auge, das ins Innere schaut:
Kein Geheimnis flieht vor dem, der es erbaut.
O Gott, du schenkst uns diese Sicht:
Gib Flug dem Vogel in deinem Licht! ❡[165]

Der Tod hat nicht das letzte Wort, wenn wir nicht bloß sterben, sondern in der Liebe sterben lernen. Bestand nicht das Leben darin, lieben zu lernen? Warum sollte sich dann der Tod von dieser Geste entziehen können.

Sterbt, sterbt in dieser Liebe, sterbt!
In dieser Liebe, wenn ihr sterbt, empfangt alle den Geist!
Sterbt, sterbt und fürchtet euch nicht vor diesem Tod,
Aus diesem Staub werdet ihr emporsteigen, die Himmel erreichen!
Sterbt, sterbt und befreit euch von diesem Atem,
Denn dieser Atem ist wie eine Fessel und ihr seid wie Gefangene!
Nehmt einen Keil und grabt ein Loch im Gefängnis,
Wenn das Gefängnis zerbrochen ist, seid ihr alle Könige und Herrscher!
Sterbt, sterbt vor dem schönen König,
Wenn ihr im Angesicht des Königs sterbt, seid ihr alle Könige und angesehen!
Sterbt, sterbt und erhebt euch aus diesen Wolken,
Wenn ihr aus diesen Wolken hervorgeht, seid ihr alle helle Monde!
Seid still, seid still, diese Stille ist der Atem des Todes,
Auch dies ist Leben, daher verliert nicht die Stille! ❡[166]

Nachklänge

Rumi klingt nach – 750 Jahre nach seinem Tod. Seine Worte hallen noch immer durch die Jahrhunderte und dringen tief in unsere Herzen ein. Sein Vermächtnis ist zeitlos und sein Einfluss unverkennbar. Rumi war nicht nur ein Dichter, sondern ein Seelengefährte, der es verstand, die menschlichen Erfahrungen in wundersame Verse zu gießen.

Rumi bewegt Herzen – immer noch und immer erneut. Seine Poesie ist wie ein Flüstern im Wind, das sich über alle Grenzen hinweg erstreckt. Sie spricht zu uns, berührt uns und öffnet unsere Augen für die Schönheit und den Schmerz des Lebens. Seine Worte sind wie ein Tanz, der unsere Seele erhebt und uns ermutigt, in die Melodie der kleinen Dinge einzutauchen.

Das Anschauliche seiner Darstellung, die Verletzlichkeit seiner Sprache, der Feinsinn seiner Gefühle, der wache Blick, die ernste Liebe, das gebrochene Herz – all dies hat einen Zauber, eine ungebrochene Anziehung. Rumi war kein Mann, der sich vor den Widersprüchen und dem Leid des Lebens verschloss. Stattdessen umarmte er sie und fand in ihnen eine Quelle der Inspiration.

Seine Worte sind wie ein Trost für die gebrochenen Herzen, eine Wegspur in der Dunkelheit und ein sanftes Leuchten der Hoffnung. Rumi hat uns gelehrt, dass es in der Liebe keine Grenzen gibt und dass Schmerz und Freude, Leid und Glück untrennbar miteinander verbunden sind. Er erinnert uns daran, dass das Leben ein Tanz ist, dem wir uns mit Anmut und Hingabe aussetzen sollten.

Rumi stellt uns infrage. Darin besteht seine ungebrochene Aktualität. »Wer bist du?«, »Wonach trachtest im Leben?«, »Was wird deinen Tod überdauern?« Er ist nicht belehrend, kein Schulmeister, sondern »Unser Meister« *(Mawlânâ)* der Liebe. Denn Liebe, so Rumi, ist die eigentliche Schule des Lebens. In der Liebe verschieben sich die Proportionen, verändern sich die Relationen, verwandeln sich die Gefühle. Liebe ist der Augenblick, in dem die Schönheit zu schmerzen beginnt. Tragen wir deshalb Wunden auf der Haut, damit das Licht in uns hineindringen kann?

Die Übersetzung seiner Verse bedeutet für den Übersetzer immer ein Scheitern: Scheitern am Klang, Scheitern an Bilderwelten, Scheitern an Metaphern und Symbolen, Scheitern an Zwischentönen. Auch bei dieser Arbeit ist Rumi anwesend. Heißt Liebe nicht, sich ins Andere zu übersetzen?

Setzt man seine Worte ins Visuelle um, ins Kalligrafische, wie es der Kalligraf Iyad Shraim in diesem Buch getan hat, dann erleben wir ein Ineinander und Miteinander der Buchstaben, der Schriften, der Begegnungen, die Wort für Wort Grenzüberschreitung bedeuten – und immer sind die Punkte in Gold gefasst, wie eine Lichtung, eine Spur der Hoffnung, die einen Durchbruch ins Innere bedeutet. Als Worte bleiben sie Sehnsucht, Sehnsucht nach Dialog und Verständigung, die allein Schönheit einfangen kann.

Was bleibt? Alles, was zu einer Begegnung werden kann. Für Rumi selbst war es der Liebesschmerz. »Von einem Freund ist mir geblieben allein der Schmerz als Erinnerung.«[167] Rumi klingt nach.

Quellenverzeichnis

Rūmī, Ǧ. M.: Kitāb Fīhi mā fīhi. Ed. B. Farūzānfar. o. O. o. J.

Rūmī, Ǧ. M.: The Mathnawí of Jalálu'ddín Rúmí. Vol. 1. Ed. from the oldest manuscripts available with critical notes, transl. and commentary by R. A. Nicholson. London 1925.

Rūmī, Ǧ. M.: The Mathnawí of Jalálu'ddín Rúmí. Vol. 3. Ed. from the oldest manuscripts available with critical notes, transl. and commentary by R. A. Nicholson. London 1929.

Rūmī, Ǧ. M.: The Mathnawí of Jalálu'ddín Rúmí. Vol. 5. Ed. from the oldest manuscripts available with critical notes, transl. and commentary by R. A. Nicholson. London 1933.

Rūmī, Ǧ. M.: Kulliyāt-i Šams-i Tabrīz. Ed. by B. Z. Furūzānfar. Teheran 1987.

Anmerkungen

1 Rūmī, Ğ. M.: Kulliyāt-i Šams-i Tabrīz. Ed. by B. Z. Furūzānfar. Teheran 1380 (H.š.) [im Folgenden abgekürzt: Rūmī: Dīwān]: Rubāʿī-Nr. 1651.
2 Rūmī: Dīwān, Ġazal-Nr. 441.
3 Rūmī: Dīwān, Ġazal-Nr. 395.
4 Rūmī: Dīwān, Rubāʿī-Nr. 1119.
5 Vgl. Koran 57:4.
6 The Mathnawí of Jalálu'ddín Rúmí. Vol. 1. Ed. From the oldest manuscripts available with critical notes, transl. and commentary by R. A. Nicholson. London 1925 [im Folgenden abgekürzt: Rūmī: Maṯnawī. Vol. 1], Book 1, 1510–1514.
7 Rūmī, Ğ. M.: Kitāb Fīhi mā fīhi. Ed. B. Farūzānfar. o. O. o. J. [im Folgenden abgekürzt: Rūmī: Kitāb Fīhi mā fīhi], S. 135f.
8 Rūmī: Dīwān, Ġazal-Nr. 2460.
9 Vgl. Rūmī: Kitāb Fīhi mā fīhi, S. 25.
10 Rūmī: Dīwān, Ġazal-Nr. 1119.
11 Rūmī: Dīwān, Ġazal-Nr. 1024.
12 Rūmī: Dīwān, Ġazal-Nr. 1024.
13 *Al-Chidr* soll eine fromme Person bezeichnen, die als Quelle des Lebens gilt, als Heiliger und bedeutet wörtlich »der Grüne«. Im Koran wird er namentlich nicht erwähnt, aber auf ihn deutet die Sure 18:65 als »einem Diener von Unseren Dienern, dem Wir gewährt Unsere Barmherzigkeit und den Wir gelehrt«. In der islamischen Mystik wird er als der unsichtbar Lebendige geehrt, der z. B. Menschen im Traum erscheint. U. a. haben sich neben Goethe in seinem West-östlichen Diwan auch Friedrich Rückert (vgl. Rückert, F.: Chidher. Ballade. Mit Holzschnitten v. J. Lebek. Hamburg 1946) und C. G. Jung mit der Gestalt von *al-Chidr* näher auseinandergesetzt.

14 The Mathnawí of Jalálu'ddín Rúmí. Vol. 3. Ed. from the oldest manuscripts available with critical notes, transl. and commentary by R. A. Nicholson. London 1929 [im Folgenden abgekürzt: Rūmī: Maṯnawī. Vol. 3], Book 3, 189–198.
15 Überliefert durch Aflākī. Vgl. Meier, F.: Bahā'-i Walad. Grundzüge seines Lebens und seiner Mystik (= Acta Iranica. Band 27). Leiden 1989, S. 90.
16 Rūmī: Dīwān, Ġazal-Nr. 2054.
17 Rūmī: Dīwān, Ġazal-Nr. 323.
18 Rūmī: Kitāb Fīhi mā fīhi, S. 67.
19 Selected Poems from the Dîvâni Shamsi Tabrîz by R. A. Nicholson. Cambridge 1898, p. 124. Die moderne Rumi-Forschung nimmt aber nicht an, dass das Gedicht tatsächlich von Rumi stammt.
20 Rūmī: Dīwān, Ġazal-Nr. 1129.
21 Rūmī: Dīwān, Ġazal-Nr. 2927.
22 Rūmī: Kitāb Fīhi mā fīhi, S. 91.
23 Rūmī: Dīwān, Ġazal-Nr. 2131.
24 Rūmī: Dīwān, Ġazal-Nr. 3166.
25 Rūmī: Kitāb Fīhi mā fīhi, S. 63
26 Rūmī: Dīwān, Ġazal-Nr. 1615.
27 Rūmī: Dīwān, Rubā'ī-Nr. 41.
28 Rūmī: Kitāb Fīhi mā fīhi, S. 186.
29 Koran 2:115.
30 Rūmī, Ğ. M.: Kulliyāt-i Šams-i Tabrīz. Ed. by B. Z. Furūzānfar. Teheran 1376 (H.š.), Rubā'ī -Nr. 617.
31 Vgl. Koran 57:3.
32 Rūmī: Dīwān, Ġazal-Nr. 884.
33 Rūmī: Dīwān, Rubā'ī-Nr. 1545.
34 Rūmī: Maṯnawī. Vol. 1, Book 1, 1741.
35 Rūmī: Maṯnawī. Vol. 1, Book 1, 30.
36 Rūmī: Maṯnawī. Vol. 1, Book 1, 3056–3063.
37 Rūmī: Dīwān, Ġazal-Nr. 1031.
38 Rūmī, Ğ. M.: Kulliyāt-i Šams-i Tabrīz. Ed. by B. Z. Furūzānfar. Teheran 1376 (H.š.), Rubā'ī-Nr. 1549.
39 Rūmī: Kitāb Fīhi mā fīhi, S. 208.
40 Rūmī: Kitāb Fīhi mā fīhi, S. 188.
41 Rūmī: Kitāb Fīhi mā fīhi, S. 55.

42 Rūmī: Dīwān, Ġazal-Nr. 2602.
43 Rūmī: Kitāb Fīhi mā fīhi, S. 208.
44 Rūmī: Kitāb Fīhi mā fīhi, S. 208.
45 Vgl. Rūmī: Kitāb Fīhi mā fīhi, S. 36.
46 Rūmī: Dīwān, Ġazal-Nr. 2214.
47 Rūmī: Dīwān, Ġazal-Nr. 1548.
48 Rūmī: Dīwān, Ġazal-Nr. 1499.
49 Vgl. Ğāmī, N. ʿA. R.: Nafaḥāt al-uns min ḥaḍarāt al-quds. Kalkutta 1858, S. 537.
50 Rumi verweist damit direkt auf den Koran 94:1.
51 Rūmī, Ğ. M.: Kulliyāt-i Šams-i Tabrīz. Ed. by B. Z. Furūzānfar. Teheran 1376 (H.š.), Rubāʿī -Nr. 422.
52 Rūmī: Dīwān, Ġazal-Nr. 310.
53 Rūmī: Dīwān, Ġazal-Nr. 1526.
54 Rūmī: Maṯnawī. Vol. 1, Book 1, 112-14.
55 Rūmī: Dīwān, Ġazal-Nr. 1688.
56 Vgl. Koran 30:30.
57 Rūmī: Dīwān, Ġazal-Nr. 2087.
58 Rūmī: Dīwān, Rubāʿī-Nr. 220.
59 Rūmī: Maṯnawī. Vol. 1, Book 1, 35.
60 Rūmī: Dīwān, Rubāʿī-Nr. 1964.
61 Rūmī: Dīwān, Ġazal-Nr. 1578.
62 Rūmī: Dīwān, Ġazal-Nr. 1576.
63 Rūmī: Dīwān, Ġazal-Nr. 156.
64 Rūmī: Dīwān, Ġazal-Nr. 1393.
65 Rūmī: Dīwān, Rubāʿī-Nr. 172.
66 Rūmī: Dīwān, Ġazal-Nr. 2234.
67 Rūmī: Kitāb Fīhi mā fīhi, S. 191.
68 Rūmī: Dīwān, Ġazal-Nr. 1475.
69 Rūmī: Dīwān, Ġazal-Nr. 2777.
70 Rūmī: Dīwān, Ġazal-Nr. 2102.
71 Rūmī: Dīwān, Ġazal-Nr. 1236.
72 Rūmī: Dīwān, Rubāʿī-Nr. 33.
73 Rūmī: Dīwān, Ġazal-Nr. 37.
74 Rūmī: Dīwān, Ġazal-Nr. 302.
75 Vgl. Kitāb-i Montakhabī az Divān-i Šams-i Tabrīzī. Ed. by Fazlollah Gorgani. Teheran 1333 (H.š.), S. 82. Die moderne Rumi-Forschung geht allerdings nicht davon aus, dass das Gedicht von Rumi sein könnte.

76 Rūmī: Dīwān, Ġazal-Nr. 140.
77 Rūmī: Dīwān, Ġazal-Nr. 321.
78 Rūmī: Dīwān, Ġazal-Nr. 155.
79 Rūmī: Dīwān, Rubāʿī-Nr. 460.
80 Rūmī: Dīwān, Ġazal-Nr. 2821.
81 Rūmī: Dīwān, Ġazal-Nr. 155.
82 Rūmī: Kitāb Fīhi mā fīhi, S. 36.
83 Rūmī, Ǧ. M.: Kulliyāt-i Šams-i Tabrīz. Ed. by B. Z. Furūzānfar. Teheran 1376 (H.š.), Rubāʿī -Nr. 35.
84 Rūmī: Dīwān, Ġazal-Nr. 155. »Löwe Gottes« ist eine Anspielung auf einen Beinamen von Ali ibn Abi Talib (gest. 661), Vetter und Schwiegersohn des Propheten Muhammad, der für seine Tapferkeit bekannt war.
85 Rūmī: Kitāb Fīhi mā fīhi, S. 33f.
86 Rūmī: Dīwān, Rubāʿī-Nr. 1756.
87 Rūmī: Kitāb Fīhi mā fīhi, S. 36.
88 Rūmī: Dīwān, Ġazal-Nr. 1823.
89 Rūmī: Dīwān, Ġazal-Nr. 1220.
90 Rūmī: Dīwān, Ġazal-Nr. 501.
91 Koran 28:88.
92 Rūmī: Dīwān, Ġazal-Nr. 2186.
93 Rūmī: Dīwān, Ġazal-Nr. 911.
94 Rūmī: Dīwān, Rubāʿī-Nr. 1577.
95 Rūmī: Maṯnawī. Vol. 1, Book 1, 1–8.
96 Koran 96:1.
97 Wörtlich: Männer.
98 Rūmī: Kitāb Fīhi mā fīhi, S. 187.
99 Rūmī: Kitāb Fīhi mā fīhi, S. 221.
100 Rūmī: Dīwān, Ġazal-Nr. 2820.
101 Rūmī: Dīwān, Ġazal-Nr. 1419.
102 Koran 26:224–226.
103 Rūmī: Kitāb Fīhi mā fīhi, S. 89–90.
104 Rūmī: Dīwān, Ġazal-Nr. 325.
105 Rūmī: Dīwān, Ġazal-Nr. 1100
106 Rūmī: Maṯnawī. Vol. 1, Book 1, 1099–1100.
107 Rūmī: Maṯnawī. Vol. 1, Book 1, 1406.
108 Koran 13:28.

109 Rūmī: Dīwān, Ġazal-Nr. 1554.
110 Rūmī: Dīwān, Ġazal-Nr. 3154.
111 Rūmī: Maṯnawī. Vol. 1, Book 2, 2249.
112 Rūmī: Dīwān, Ġazal-Nr. 1419.
113 Vgl. Koran 2:117.
114 Vgl. Koran 15:29.
115 Rūmī: Dīwān, Ġazal-Nr. 457.
116 The Mathnawí of Jalálu'ddín Rúmí. Vol. 5. Ed. from the oldest manuscripts available with critical notes, transl. and commentary by R. A. Nicholson. London 1933 [im Folgenden abgekürzt: Rūmī: Maṯnawī. Vol. 5], Book 6, 2002.
117 Rūmī: Dīwān, Ġazal-Nr. 1996.
118 Koran 7:172.
119 Rūmī: Dīwān, Ġazal-Nr. 1487
120 Rūmī: Dīwān, Ġazal-Nr. 1295.
121 Rūmī: Dīwān, Ġazal-Nr. 782.
122 Rūmī: Dīwān, Ġazal-Nr. 648.
123 Koran 17:44.
124 Rūmī: Dīwān, Ġazal-Nr. 189.
125 Rūmī: Dīwān, Ġazal-Nr. 2327.
126 Rūmī: Dīwān, Ġazal-Nr. 183.
127 Rūmī: Dīwān, Ġazal-Nr. 1768.
128 Rūmī: Dīwān, Ġazal-Nr. 555.
129 Rūmī: Dīwān, Ġazal-Nr. 509.
130 Vgl. Rūmī: Dīwān, Ġazal-Nr. 737.
131 Rūmī: Dīwān, Ġazal-Nr. 788.
132 Rūmī: Dīwān, Ġazal-Nr. 633.
133 Rūmī: Dīwān, Ġazal-Nr. 323.
134 Vgl. Koran 4:28.
135 Rūmī: Dīwān, Rubāʿī-Nr. 1808.
136 Rūmī: Dīwān, Ġazal-Nr. 1919.
137 Vgl. As-Suhrawardī, Š. Y.: »ʿAql-i surḫ«, in: id.: Opera metaphysica et mystica. Vol. 3. Ed. by S. H. Nasr. Teheran 1993, S. 225–240.
138 Rūmī: Dīwān, Ġazal-Nr. 43.
139 Rūmī: Dīwān, Ġazal-Nr. 118.
140 Vgl. Koran 17:1 und 53:1–18.
141 Rūmī: Kitāb Fīhi mā fīhi, S. 93.

142 Vgl. Koran 17:24.
143 Vgl. Rūmī: Maṯnawī. Vol. 1, Book 1, 31.
144 Rūmī: Dīwān, Ġazal-Nr. 355.
145 Rūmī: Dīwān, Ġazal-Nr. 1584.
146 Rūmī: Dīwān, Rubāʿī-Nr. 65.
147 Rūmī: Dīwān, Ġazal-Nr. 1786.
148 Muslim: Ṣaḥīḥ. Beirut 1427/2007, Ḥadīṯ-Nr.: 1955.
149 Rūmī, Ǧ. M.: Kulliyāt-i Šams-i Tabrīz. Ed. by B. Z. Furūzānfar. Teheran 1376 (H.š.), Rubāʿī-Nr. 1337.
150 Rūmī: Maṯnawī. Vol. 1, Book 1, 1246–1248.
151 Rūmī: Dīwān, Rubāʿī-Nr. 1756.
152 Rūmī: Kitāb Fīhi mā fīhi, S. 197.
153 Rūmī: Dīwān, Ġazal-Nr. 1142.
154 Rūmī: Kitāb Fīhi mā fīhi, S. 221.
155 Rūmī: Dīwān, Ġazal-Nr. 911.
156 Rūmī: Maṯnawī. Vol. 1, Book 1, 1751.
157 Rūmī: Dīwān, Ġazal-Nr. 576.
158 Koran 3:185.
159 Rūmī: Dīwān, Ġazal-Nr. 863.
160 Vgl. Rūmī: Maṯnawī. Vol. 5, Book 6, 754.
161 Rūmī: Maṯnawī. Vol. 5, Book 6, 233.
162 Rūmī: Maṯnawī. Vol. 5, Book 6, 738f.
163 Rūmī: Dīwān, Ġazal-Nr. 650.
164 Koran 112:1.
165 Rūmī: Dīwān, Ġazal-Nr. 833.
166 Rūmī: Dīwān, Ġazal-Nr. 636.
167 Rūmī, Ǧ. M.: Kulliyāt-i Šams-i Tabrīz. Ed. by B. Z. Furūzānfar. Teheran 1376 (H.š.), Rubāʿī-Nr. 1334.

Übersetzung der Kalligrafien

Einband (Vorderseite): »Mensch«
S. 4: »Im Namen Gottes«
S. 8: »Ich bin dein, gib mich nicht mir zurück!«
S. 10: »Sehnsucht«
S. 13: Der Buchstabe »Alif«
S. 14: »Allah«
S. 18: »Hier bin ich!«
S. 20: »Werde verrückt, werde verrückt!«
S. 24: »Ich bin von Osten, ich bin von Westen«
S. 28: »Dann komm! Lebe mit den Liebenden, lebe mit den Liebenden!«
S. 30: »Nicht von diesem, nicht von jenem.«
S. 32: »Mein Heute: du, mein Morgen: du«
S. 35: vgl. S. 10.
S. 40: »Leben«
S. 43: »Im Paradies und in meiner Dankbarkeit gibt es nur: ich und du.«
S. 46 »Liebe«
S. 51: »Liebe«
S. 58: »Komm, komm, komm, komm!«
S. 62: »Alles ist er.«
S. 66: »Mein Schmerz, meine Medizin«
S. 70: »Mein Schams und mein Gott«
S. 78: »Rede«/»Zustand«
S. 81: »Höre!«
S. 85: »Wunsch«

S. 89: »Der Mensch ist Blick, der Rest ist Haut. / Der Blick ist es, der den Geliebten schaut.«
S. 90: »O erhabener Mawlânâ!«
S. 101: »Tanz«
S. 103: »Nichts«
S. 104: vgl. Einband (Vorderseite)
S. 109: »Umkehr«
S. 110: »Liebe ist, empor zum Himmel zu fliegen, / Hundert Schleier bei jedem Atemzug zu durchtrennen.«
S. 114: »Gott ist Einer.«
S. 119: »Der Tod vermählt uns mit der Ewigkeit.«
S. 122: »Von einem Freund ist mir geblieben allein der Schmerz als Erinnerung.«
Einband (Rückseite): vgl. S. 110.

Herausgeber und Übersetzer

Ahmad Milad Karimi, geboren in Afghanistan, ist ein deutscher Religionsphilosoph und Islamwissenschaftler. Er ist Professor für Islamische Philosophie und stellvertretender Leiter des Zentrums für Islamische Theologie Münster. Der Autor einer deutschsprachigen Koran-Übersetzung ist zugleich Schriftsteller und Publizist, u. a. moderiert er seit 2021 die Sendung »Sternstunde Religion« im Schweizer Radio und Fernsehen (SRF). Im Patmos Verlag ist von ihm erschienen: »Maradona und das göttliche Spiel. Warum das Wesentliche unverfügbar bleibt oder: Von der Poesie des Lebens« (2023) sowie zusammen mit Anselm Grün »Im Herzen der Spiritualität. Wie sich Muslime und Christen begegnen können« (2025).

Kalligraf

Iyad Shraim, geboren in Amman, wurde an der Universität Münster in Germanistik promoviert und lehrt heute an der Universität Hamburg arabische Sprache, Literatur und Kalligrafie. Seine Forschungsinteressen sind unter anderem die Rezeption der deutschen Literatur in der arabischen Welt und die Wechselwirkung zwischen Literatur und Kunst.

VERLAGSGRUPPE PATMOS

PATMOS
ESCHBACH
GRÜNEWALD
THORBECKE
SCHWABEN
VER SACRUM

Die Verlagsgruppe
mit Sinn für das Leben

MIX
Papier aus verantwortungsvollen Quellen
FSC® C014138
FSC www.fsc.org

Die Verlagsgruppe Patmos ist sich ihrer Verantwortung gegenüber unserer Umwelt bewusst. Wir folgen dem Prinzip der Nachhaltigkeit und streben den Einklang von wirtschaftlicher Entwicklung, sozialer Sicherheit und Erhaltung unserer natürlichen Lebensgrundlagen an. Näheres zur Nachhaltigkeitsstrategie der Verlagsgruppe Patmos auf unserer Website www.verlagsgruppe-patmos.de/nachhaltig-gut-leben Übereinstimmend mit der EU-Verordnung zur allgemeinen Produktsicherheit (GPSR) stellen wir sicher, dass unsere Produkte die Sicherheitsstandards erfüllen. Näheres dazu auf unserer Website www.verlagsgruppe-patmos.de/produktsicherheit. Bei Fragen zur Produktsicherheit wenden Sie sich bitte an produktsicherheit@verlagsgruppe-patmos.de

4. Auflage 2025

Verlagsgruppe Patmos in der Schwabenverlag AG, Senefelderstr. 12, 73760 Ostfildern
www.patmos.de

Gestaltung: Finken & Bumiller, Stuttgart
Umschlagabbildung und Kalligrafien im Innenteil © Iyad Shraim
Druck: Finidr s. r. o., Český Těšín
Hergestellt in Tschechien
ISBN 978-3-8436-1465-8